चन्दावती

बदलते गाँवों की तस्वीर

चन्दावती

बदलते गाँवों की तस्वीर

(उपन्यास)

डॉ. भारतेन्दु मिश्र

अनुज्ञा

प्रथम संस्करण : 2021

ISBN 978-93-89341-42-3

प्रकाशक

अनुज्ञा बुक्स

1/10206, लेन नं. 1E, वेस्ट गोरख पार्क, शाहदरा, दिल्ली-110 032
e-mail : anuugyabooks@gmail.com • salesanuugyabooks@gmail.com
फोन : 011-22825424, 7391920186, 09350809192
www : anuugyabooks.com

शाखा कार्यालय : धर्मकांटा चौक, राष्ट्रीय राजमार्ग 57,
एम.बी.बी.एल कॉलेज रोड, बैरिया, मुजफ्फरपुर, बिहार-842 003

शाखा कार्यालय : बी-1171, द्वितीय तल,
ग्रीन फील्ड्स कॉलोनी, फरीदाबाद, हरियाणा-121010

शाखा कार्यालय : 301, तृतीय तल, राधाकृष्ण अपार्टमेंट, सांई कॉलोनी,
स्टेशन रोड, चाईबासा, पश्चिमी सिंहभूम, झारखंड-833201

मूल्य : 450 रुपये

आवरण
संदीप राशिनकर

मुद्रक: रैप्लिका प्रैस प्राईवेट लिमिटेड

CHANDAVATI
Novel by Dr. Bhartendu Mishra

माता श्रीमती भारती मिश्रा को सादर
जिनसे मातृभाषा सीखी
और जिन्होंने इसका हिन्दी
खड़ी बोली में अनुवाद किया।

अनुक्रम

प्राक्कथन

डॉ. भारतेन्दु मिश्र की कृति चन्दावती बहुत ही स्फूर्तिदायक है बहुत ही मोह-छोह से भरी है। ऐसे ही जीते-जागते पात्र तो हमारे गाँवों में टोले-मुहल्ले में बहुत मिलते हैं परन्तु उन्हें पहचानने वाली दृष्टि चाहिए। भाई भारतेन्दु का मन गाँव की माटी में रचा-बसा है वहाँ के सुख-दुःख से भली-भाँति परिचित रहे हैं, इसीलिए वे ऐसा उपन्यास लिख सके। आज तो गाँवों की तस्वीर ही बदल गई है और रोज-रोज बदल रही है परन्तु ये राजनीति का जहर तो गाँवों की भी नसों में व्याप्त होता जा रहा है। आज आवश्यकता है कि गाँवों की चन्दावती व कुन्ता बुआ जैसी स्त्रियों को सामने लाया जाए जिससे वे लोग उन्हें व उनकी शक्तियों को पहचान सके और उन्हें षड्यन्त्रकारियों के अन्याय का शिकार होने से बचा सके। हमारे पूर्वज देवी के रूप में दुर्गा, सरस्वती, लक्ष्मी की जो कल्पना करते रहे वह इसीलिए कि इनके बिना न तो संसार बनेगा न ही चलेगा। परन्तु इस कड़वी सच्चाई को लोग भूलते जा रहे हैं। अब इस समाज को कन्या के उसी रूप की पहचान कराने की आवश्यकता महसूस की जाने लगी है। नारी केवल मर्दाना-जनाना या मादा के रूप में ही नहीं समझी जाती है यह बात तो उसे स्वयं ही जाननी जरूरी है। उसे अपनी शक्ति को पहचानना अति आवश्यक है। आज नारी-मुक्ति के नारे रूपी नाव पर जो नंगापन दृष्टिगोचर हो रहा है इससे औरत और कमजोर होती जा रही है। उसके शरीर का विज्ञापन दिखाकर उसकी भावनाओं को, संवेदनाओं को उसकी कमजोरी समझना बहुत बड़ी भूल होगी। इस बात को तो इस समाज को भी समझना होगा कि माँ, बेटी सबका अपना महत्त्व भी है और शक्ति भी है।

भारतेन्दु जी की अवधी मिश्रित अवधी है। इसमें खड़ी बोली के शब्द भी शामिल हैं। जैसे रोज खिचड़ी भाषा के रूप में जो बोली, बोली जाती है उसी अवधी भाषा में यह उपन्यास लिखा गया है। यह उपन्यास अवधी की तेज धार तथा उसकी विविध अर्थछटाओं का सशक्त उदाहरण है।

इसमें आज के गाँवों की सही तस्वीर प्रस्तुत करने का प्रयास किया गया है। ग्राम प्रधान, पुलिस थाना और स्वार्थी पड़ोसियों के रिश्ते-नातेदारों सबका असली चेहरा इस उपन्यास में दिखाया गया है।

कुछ भले मनुष्यों के चरित्र भी उभारे गए हैं जिन्होंने सच के लिए अपने प्राण भी दे दिए हैं।

जाति-प्रथा के टूटते बन्धन और उसके टूटने से होने वाली छटपटाहट के साथ-साथ धन-सम्पत्ति के लिए मनुष्य किस प्रकार एक-दूसरे के खून के प्यासे हो जाते हैं, इन सब बातों का बहुत ही सजीव चित्रण किया गया है।

चन्दावती उपन्यास में समाज को बदलने का प्रयास स्त्री-समाज की ओर से किया गया है। स्त्री का सब कुछ क्षमा करने वाला व सबकी भलाई के लिए स्वयं को न्यौछावर करने वाला रूप इसमें दर्शाया गया है। वह क्षमा व हिंसा के खिलाफ जब सीना तानकर खड़ी हो जाती है तो हिंसा को हारना ही पड़ता है। पढ़ी-लिखी लड़कियों में जो जागरूकता आ गई है उससे नयी पीढ़ी अपनी भूमिका भली-भाँति निभा सकती है और समाज में व्याप्त कुरीतियों को बदलने में तथा सबको इस परिवर्तन के लिए तैयार करने में सफल तथा समर्थ हो रही है।

इस उपन्यास में लोकतन्त्र का चतुर्थ स्तम्भ पत्रकारिता का महत्त्व व उसकी ताकत को उजागर किया गया है। यदि पत्रकार ईमानदारी के साथ-साथ आम आदमी के सुख-दुःख में भी भागीदारी करने लगें तो उसकी कलम की ताकत बहुत कुछ परिवर्तन ला सकती है और बहुत कुछ ठीक कर सकती है।

कुल मिलाकर यह उपन्यास एक सफल उपन्यास बन गया है। मेरी शुभकामनाएँ हैं कि चन्दावती की यह कहानी गाँव-गाँव में पहुँचे, अन्याय के विरुद्ध सबको जागृत करे और सबके मन में स्त्री के अधिकारों के प्रति चेतना भरती रहे। यह कहानी कस्बों और शहरों तक पहुँचे व अपनी हैसियत के गरूर में मग्न नेताओं और अफसरों को ये सोचने पर मजबूर कर दे कि वे कितने सही हैं और कितने गलत। यह कहानी उन्हें यह याद दिलाती रहे कि तुम्हारे हाथ में जो ताकत या कलम इसीलिए दी गई है की तुम जनता की सेवा करो। भाई भारतेन्दु की यह अवधी उपन्यास एक बड़े अभाव की पूर्ति करने वाली है। उन्होंने ये उपन्यास लिखकर एक ऐसी रेखा खींची है जिससे अवधी में लिखने वाले अवधीभाषी प्रेरणा पा सकें। बहुत-बहुत बधाई। भगवान श्रीराम से यही प्रार्थना है कि भारतेन्दु जी की कलम दिनोदिन ताकत पाती जाए बढ़ती जाए और सबके बीच में सराही जाए।

डॉ. विद्याविन्दु सिंह

श्रीवत्स, 45 गोखले विहार मार्ग, लखनऊ

उत्तर प्रदेश

दादा की तेरहवीं

पूरे तेरह ब्राह्मण पधार चुके थे। उनके लिए अलग चौका लगवाया गया था, नयी तेरह धोती अँगौछा, जनेऊ, थालियाँ, लोटे, नये पाटे, तेरह तुलसीकृत रामायण के गुटके और तेरह शंख बाजार से मँगवाए गए थे। आस-पास के क्षेत्रों से चुने हुए तेरह ब्राह्मणों को निमन्त्रित किया गया था। उनकी शक्ल तो देखते ही बन रही थी गोरे सुन्दर चुटिया धारी पंडित चन्दन टीका लगाए, इस प्रकार सजे-सँवरे लग रहे थे कि मानो अभी सीधे-सीधे स्वर्ग से ही उतर कर आए हैं। गाँव के भकुआ लोग उनको आँखें फाड़-फाड़कर देख रहे थे। छोटकऊ महाराज ने पीतल के थाल में उन सभी लोगों के चरण पखारे, शिवप्रसाद व चन्दावती ने नये अँगौछे से सबके पैर पोछे। मोलहे ने उनको देखकर सकटू से कहा भाई–

'देखो तो ये कितने सुघड़ पंडित आए हैं। वाह, मन करता है इनको देखते ही रहें'।

'हाँ मोलहे भाई, भाग्य अच्छा था हनुमान दादा का यह सब सुघड़ पंडित उनके लिए स्वर्ग की सीढ़ी बनाएँगे।'

'ठीक कहते हो भाई, उनको स्वर्ग अवश्य मिलेगा, देवता थे हनुमान दादा, यह सब उनके कर्मों का ही प्रताप है– बहुत बड़े आदमी थे वो। अब ब्राह्मणों के टोले में कोई उतना प्रतिष्ठित आदमी नहीं रह गया है।'

हम तो यह भी कहते हैं कि दो-चार-दस गाँवों में उनके जैसा आदमी खोजने पर नहीं मिलेगा।

हवन का धुआँ चारो तरफ फैल गया था। पूर्णाहुति होने के बाद शंख-घंटे बजने लगे। लिपे-पुते आँगन में तेरहो ब्राह्मणों की चौकियाँ सजा दी गई थीं। सभी देवता नवग्रह, कुत्ता, कौआ, गाय और पंचतत्त्वों का भोग लगा दिया गया था। अब सभी ब्राह्मण खाने लगे थे।

वाह चन्दावती दाई इतना अच्छा प्रबन्ध, इतना बढ़िया भोजन बहुत वर्षों बाद मिला है। हनुमान दादा की आत्मा तो तुम्हें स्वर्ग से निरख रही होगी, और तुम्हें बहुत आशीष दे रही होगी। ...ब्राह्मणों के मुखिया ने कहा।

चन्दावती की आँखें भर आईं। उसने अपने आँचल में मुँह छुपा लिया। अब वहाँ पर उपस्थित सभी स्त्री-पुरुष तरह-तरह की बातें बनाने में लगे थे। रामफल दादा दूर बरामदे में बैठे थे। वो भी मौक़ा देखकर शुरू हो गए थे और गाँव के लोग उनकी

बतकही सुनने लगे– पं. रामदीन शुक्ल उर्फ हनुमान दादा तो दौलतपुर की नाक थे। उनका बड़ा पौरुष था। दस-पाँच कोस तक के गाँव-क्षेत्र में उनका रुतबा था। दौलतपुर के सबसे बड़े किसान थे। गाँव में बस उनके घर के दरवाजे पर ही ट्रैक्टर खड़ा है।'

दौलतपुर में लगभग पचास घर थे, जिनमें–तेली, कहार, धोबी, पासी, चमार, मुराऊ, ठाकुर, मुसलमान, सभी जातियों के घर थे। गाँव में ब्राह्मणों के कुल जमा तीन घर थे। किसी ने पूछा कितनी आयु थी हनुमान दादा की?

रामफल ने फिर बताना चालू किया– 'अभी तो मुश्किल से पैंसठ की उम्र हुई होगी, हमसे तो पाँच साल छोटे रहे, बस उनका समय पूरा हो चुका था, सो चल बसे। नामी पहलवान थे हनुमान भाई। अपनी जवानी में जब वो कुश्ती लड़ने जाते थे तो हमेशा विजेता बनकर लौटते थे। दौलतपुर की असली दौलत तो हनुमान भाई ही थे। जैसे-जैसे उनका पुरुषार्थ घटता गया वैसे-वैसे उनको गठिया, बाई परेशान करने लगी थी। बहुत दिनों से बिचारे दरवाजेवाले अखाड़े पर भी नहीं जा पाते थे, इस बात का उन्हें बहुत अफसोस था। बेचारे तैंतीस वर्ष की उम्र में ही विधुर हो गए थे। फिर दो वर्ष बाद उन्हें चन्दावती से प्यार हो गया, साहसी थे वो, नीच जाति की होने पर भी उन्होंने चन्दावती से शादी की, फिर पत्नी का स्थान दिया और इसी प्रकार चन्दावती हर पल उनके साथ रही। यद्यपि चन्दावती उनकी जाति-बिरादरी की नहीं थी, उनकी अपनी बिरादरी में बहुत बदनामी भी हुई लेकिन जब उनको प्यार हो गया था तो उन्होंने अपने जीते जी हर प्रकार से निभाया। कहाँ बीस-बिसुआ के कनौजिया पंडित और कहा चन्दावती जाति की तेलिन।

उस समय चन्दावती का गौना भी नहीं हुआ था, जब उसके पति के मौत की खबर आई थी। चन्दावती वास्तव में चन्दा ही थी। उसकी उम्र बीस से अधिक नहीं थी उस समय। जो कोई भी उसको एक बार देख लेता वो देखता ही रह जाता। गाँव की रामलीला में वो सीता बनती थी।

वो ज़माना ऐसा था जब ब्राह्मणों, ठाकुरों की नजर नीच जाति की बहू-बेटी पर पड़ जाती तो वो जब चाहे तब उसे अपनी हवस का शिकार बना लेते थे। उस समय गरीबों के घर की स्त्रियों की कोई इज्जत नहीं थी, क्योंकि दबंगों के ऊपर कोई कानून नहीं लागू था। चन्दावती के घरवाले चन्दावती के प्रेम से अत्यधिक प्रसन्न हुए थे।

'देखो दादा, सौ-सौ रुपए दक्षिणा में दिए जा रहे हैं'– मोलहे ने बीच में इशारा किया। रामफल ने समझाया–ये तेरहवीं वाले ब्राह्मण हैं इनको दूर से ही प्रणाम करना। उनकी नजरों से बचकर ही रहना चाहिए' सकटू पूछने लगे–'क्यों दादा?'

'तुम तो यार यकदम बौड़म हो..., यहाँ आए हो तेरही खाने, सवालों की बौछार कर रहे हो।'

'सकटू भइया तुम जरा तम्बाकू तो बनाओ–लो चुनौटी पकड़ो। अब तम्बाकू?

...अरे अब भोजन के बाद ही तम्बाकू खाना।'

'अरे तम्बाकू की महिमा तुम्हें नहीं मालूम है, तो सुनो—

कृष्ण चले बैकुंठ को, राधा पकड़ी बाँह
यहाँ तमाखू खायलो, वहाँ तमाखू नाहिं।

कुछ समझ में आया, अभी बहुत समय है तब तक तमाखू बन सकती है जब तक खानदान के मान्य लोग नहीं खाएँगे तब तक हमारा नम्बर कैसे आएगा।

'ठीक कहते हो दादा।' कहते तो हम हमेशा ही ठीक है, पर तुम सुनते तो हो नहीं बस मोबाइल कान में चिपकाए रहते हो, बहरे तो हो ही जाओगे, बनाओ ...तमाखू बनाओ। तेरहो ब्राह्मण दक्षिणा लेकर चलने लगे।

महाब्राह्मण के पैर छूकर चन्दावती ने उसको पाँच सौ रुपए अलग से दक्षिणा में दिए। प्रसन्नता से उसकी आँखों में चमक आ गई और उसने अपने दोनों हाथ ऊपर उठाकर आशीर्वाद दिया फिर उसके बाद अन्य तेरहो ब्राह्मणों ने भी उसी प्रकार आशीर्वाद दिए।

छोटकऊ महाराज चाँदी की तश्तरी में तम्बाकू, पान, इलायची, लौंग लेकर आए और आगे बढ़कर सबको देकर प्रणाम करके विदा किया। दो ताँगे उन सबको ले जाने के लिए पहले से तैयार खड़े थे। उन दोनों साइसों ने भी भोजन कर लिया था। उनको किराया दिया जा चुका था और घर ले जाने के लिए परसा भी बाँध दिया गया था। जब सारे ब्राह्मण ताँगे पर बैठ गए, महाबाभन के इशारे पर ताँगे हाँक दिए गए। हनुमान दादा की तेरहवीं के समय पर आए दोनों घोड़ों की भी खूब दाना-पानी-मेवा आदि से सेवा की गई थी। वह भी खा-पीकर खूब मस्त हो गए थे। अब तो कार वाला जमाना आ गया है, परन्तु ये महाबाभनों के घोड़े तो अभी तक सौ साल पुरानी परम्परा को निभा रहे हैं। सकटू ने पूछा, दादा! ये ससुरे महाबाभन कार, जीप में न बैठकर ताँगे में क्यों चलते हैं।

अरे ससुरे ढकोसला बनाए हैं, और तो कुछ नहीं है। इनको कोई सुख के समय नहीं बुलाता है। अब जाने भी दो यह लोग जितनी जल्दी टलें वही अच्छा।

महाबाभनों की विदाई के बाद मान्य लोगों के पैर धोए गए और फिर उनको भी पाटा पर बिठाया गया। भोजन के पत्तल में सबसे पहले कद्दू की सब्जी परोसी गई जिसमें से पुदीने की सुगन्ध फैल रही थी। सोंठवाले आलू की भुजिया, छुहारेवाला गलका, उड़द की दाल भरी कचौड़ी-पूड़ी और इन सबके साथ किशमिश चिंरौजी वाली खीर, ये सारे व्यंजन भली-भाँति पुरानी रीति के हिसाब से ही बनाए गए थे।

गाँव के रिवाज के हिसाब से महाबाभनों के बाद घर के मान्यों को खिलाया जाता था, इसीलिए उनके लिए पत्तले सजा दी गई थीं। रामफल, सकटू, मोलहे के साथ बैठे थे। गाँव व आस-पास के क्षेत्र के तमाम लोग भोजन के इन्तज़ार में तख्तों पर विराजमान थे। रामफल ने चन्दावती की प्रेम कहानी फिर से शुरू कर दी थी। भोजन के इन्तज़ार

में बैठे हुए लोगों को इस सामयिक गाथा में बड़ा आनन्द आने लगा था। रामफल की आयु सत्तर वर्ष से काम नहीं रही होगी, उन्होंने अपनी आँखों से सब कुछ देखा-सुना था। पुराने सरपंच थे, किसी से डरते-दबते नहीं थे। गाँव में उनका सम्मान था।

सकटू ने तमाखू बनाई और रामफल की तरफ बढ़ा दी– 'लो दादा' रामफल ने एक मोटी चुटकी रामफल के हाथ से भर ली और उसको गदेली पर रखकर अँगूठे से घिसा। तीन बार फटकारकर झाड़कर फिर बाएँ हाथ से ओठ खोलकर दाएँ हाथ की चुटकी से ओठ के नीचे रख ली–अर्थात अब पूरी गाथा सुनाने के लिए उनको पूरी खुराक मिल गई थी। फिर सकटू के मोबाइल की घंटी बजने लगी। वो अपना फोन लेकर अखाड़े की तरफ चले गए। इनका प्रेम कैसे हुआ था दादा? मोलहे ने पूछा–

किसको किससे कब मोहब्बत हो जाए इसका तो कुछ पता नहीं, यह तो दिल लगे का सौदा है। क्या पता कहाँ किस समय कौन मन को भा जाए, अच्छा लगने का कोई एक कारण नहीं होता बौड़मदास! कहाँ बीस बिसुआ के कनौजिया हनुमान महाराज और कहाँ तेलिन की विधवा बेटी चन्दो-मोहब्बत हो गई।... रावण और सीता के प्रेम की चर्चा बहुत दिनों तक होती रही।

'यह सब किस प्रकार से हुआ। गाँव में तो हम इनके तरह-तरह के किस्से सुनते रहे हैं– लेकिन आपने तो सब कुछ अपनी आँखों से देखा होगा।...'

'क्यों नहीं हमीं ने तो फैसला किया था।'

'किस बात का फैसला?'

अरे कई महीनों तक तो चोरी-छिपे ये मोहब्बत चलती रही। जब ब्राह्मणों के मोहल्ले में खुसुर-फुसुर बहुत होने लगी तो एक दिन छोटकऊ महाराज हमारे पास आए और कहने लगे–दादा अब तो आप ही कुछ कीजिए क्योंकि अब पानी सिर के ऊपर निकल गया है।

हमने पूछा– 'क्या हुआ?'

आप से क्या छुपा है सरपंच दादा, ... उस समय भी मैं ही सरपंच था। छोटकऊ बोले—'दद्दू उस तेलिनिया चन्दावती पर फिदा हो गए हैं। जाति-बिरादरी में सब मान-मर्यादा मिट चुकी हैं। अब तो घर और खेत के बँटवारे का समय आ गया है। अब आप ही हमको बचा सकते है दादा... हम पंचायत बुलाना चाहते है।'

छोटकऊ! आखिर तुम चाहते क्या हो यह तो बताओ।'

'हम चाहते हैं कि हमारे परिवार पर उनकी इस निगोड़ी मुहब्बत का बेजा असर न पड़े। खेती न बँटे, दद्दू के आगे-पीछे तो कोई है नहीं। कहीं उस तेलिनिया के चक्कर में हमारा घर-खेत सब कुछ न बँट जाए।

ठीक कहते हो भैया! कोशिश किया जाए कि ऐसी नौबत न आवे।

फिर क्या हुआ?

फिर हमने ही फैसला किया कि हनुमान और चन्दावती ब्याह करके इसी घर में रहें। चन्दावती के घरवाले चाहते थे कि हनुमान और चन्दावती अलग उनके मोहल्ले में रहें। ब्राह्मणों के मोहल्ले के कुछ बदतमीज़ लोग भी यही चाहते थे कि इन लोगों का आपस में बँटवारा हो तो उनकी ताकत कुछ कम हो जाए। हमने यह सब हाल देख-सुनकर समय के अनुसार सही-सही फैसला किया कि हनुमान दादा और चन्दावती ब्याह करके इसी घर में एक ही साथ रहेंगे, बस अपनी रसोई अलग कर लेंगे। छोटकऊ या उनके बेटे या पत्नी को किसी प्रकार का ऐतराज नहीं होना चाहिए, यदि कोई एतराज होगा तो घर का बँटवारा होगा और जब घर का बँटवारा होगा तो फिर खेती का भी बँटवारा हो सकता है। हालाँकि उनके पिताजी ने पहले से ही खेती दोनों भाइयों के नाम करा दी थी जिससे कि दोनों में लड़ाई-झगड़ा न हो। हनुमान और छोटकऊ दोनों ने उस समय इस फैसले को स्वीकार कर लिया था। ब्राह्मणटोला के बहुत लोग इनसे नाराज थे, ख़ासकर इस शादी के कारण। क्षेत्र के ब्राह्मणों में आज भी इनके खानदान का कोई सम्मान नहीं रह गया है। इनके पास अच्छा-ख़ासा पैसा है, रुतबा है लेकिन इस घटना के बाद बीस बिसुआवाले ब्राह्मणों के यहाँ से इनकी रिश्तेदारी नहीं हो पाई। अब तो बात बहुत पुरानी हो गई है।

तभी सकटू ने संकेत किया कि देखो मान्य लोग भोजन कर चुके हैं। इसी समय छोटकऊ महाराज ने रामफ़ल दादा के पास आकर कहा दादा, चलिए आप भी भोजन कर लीजिए!

'चलो सकटू भाई तुम भी चलो।'

'चलो भाई, चलो भूख तो बड़ी जोर की लगी है। सकटू, मोलहे, रामफल, शंकर, गनी मियाँ सब भोजन करने के लिए आगे बढ़ गए। भोजन बहुत ही स्वादिष्ट बना था इसलिए सब लोगों ने भरपेट अच्छे मन से खाया। खाने के बाद पान-सुपारी का प्रबन्ध किया गया था।

गाँव में ठाकुर रामफल का सभी लोग सम्मान करते थे। चौंसठ-भोला छाप तम्बाकूवाला पान खाकर जब ठाकुर साहब चलने लगे तब छोटकऊ ने कहा–

प्रधान दादा, अब दद्दू तो चले गए, उनके साथ ही इस तेलिनिया का सम्बन्ध ख़त्म हो गया। किसी ज़माने में आपने ही यह ब्याह करवाया था, अब जब दद्दू नहीं रहे तो इस तेलिन को हम अपने घर में कैसे रहने दे सकते हैं?

'भाई जो तुम्हारी समझ में आए वही करो लेकिन अब जमाना बहुत बदल गया है। इस ज़माने में औरतों, लड़कियों की बातों को थाने में बड़े ध्यान से सुना जाता है। बहन जी का शासन है कहीं लेने के देने न पड़ जाए। नेता, ऑफिसर सब नीची जाति के हैं। कहीं जेल की हवा न खानी पड़ जाए।'

'अब जो होगा वो देख लेंगे। पहले तो दादा की शर्म थी, अब जब वही नहीं है तो

इस ससुरी को घर में कौन रखेगा। अब तेरहवीं के साथ-साथ सारे कार्य निपट गए। बस कल इस तेलिन को घर से भगाएँगे तभी घर पवित्र होगा बाकी तुम लोगों का सहयोग तो मिलेगा ही...?

'भइया! हम सहयोग का वादा तो नहीं कर पाएँगे। पहले अपने मोहल्ले में आस-पड़ोस में सबकी राय-सलाह कर लीजिए। हम तो लखनऊ जा रहे हैं। चार दिन डी. एम. साहब के साथ एक सम्मलेन में रहना है। हम इस काम में तुम्हारे साथ नहीं हैं।'

'क्यों दादा?'

'भाई! बात यह है कि हमने ही तो यह फैसला किया था कि चन्दावती हनुमान भईया के साथ उसी घर में रहेगी। अब जब हनुमान भाई नहीं रहे तो किस मुँह से हम यह बात कहें कि चन्दावती को घर से निकाल दिया जाए। गाँव की औरतें-आदमी सब उसके साथ खड़े हो जाएँगे। सबके साथ उसका व्यवहार बहुत अच्छा है। पहले खुद भली-भाँति सोच-विचार लो फिर जो समझ में आए, जैसा मन हो करना। अब हम जा रहे हैं। कल सबेरे हमें लखनऊ जाना है।

'ठीक है दादा राम-राम।'

रामफल चले गए। धीरे-धीरे खास रिश्तेदार के अलावा सब अपने-अपने घर चले गए। फतेहपुर वाले जीजा, कानपुर वाले मामा, सकटू और मोलहे वहीं छप्पर के नीचे कोटपीस (ताश) खेलने लगे। नाती-पोते, बहुएँ-बेटियों से सारा घर भर गया था। आस-पास के सब लोग चले गए थे लेकिन तब भी घर में चहल-पहल थी। चन्दावती रिश्तेदारों से दूर ही रहती थी, क्योंकि सब लोगों को जाति-बिरादरी के मामले में चन्दावती की जाति के अलावा उसका रूप-गुण व सद्व्यवहार आदि कुछ भी नजर नहीं आता था। सब उसके व्यवहार को नीच जाति के हिसाब से ही जाँचते परखते थे। अब तो चन्दावती ने अपने अकेलेपन के कारण दुःख से निढाल होकर चारपाई पकड़ ली थी। अपने समय की सुन्दरी चन्दावती ने अपने बाल कटवा डाले थे; उसकी कलाइयाँ सूनी हो गई थीं, उसकी माँग का सिन्दूर उजड़ गया था। उसके माथे पर चमचम चमकती बिन्दी गायब हो गई थी। हालाँकि उसके सूने माथे पर बिन्दी की जगह साफ़ अब भी झलक रही थी। आखिर इस घर में उसका था ही कौन? अब तो उस घर में चन्दावती का हाल पूछने वाला कोई भी नहीं था। चन्दावती अब अपने भाई-भाभी के साथ भी नहीं रहना चाहती थी। लेकिन उसका और कहीं ठिकाना भी नहीं था। हनुमान दादा जब से बीमार हुए थे तब से चन्दावती सबके व्यंग-बाण सुनते-सुनते पक गई थी। जब तक हनुमान दादा जिन्दा रहे तब तक चन्दावती के मुँह पर कोई भी किसी भी प्रकार की गलत-सलत बात कहने का साहस नहीं करता था। हालाँकि घरवालों ने उसका नाम चन्दो चाची रख दिया था। पहले तो बड़े लोग दबी जुबान से उसे चन्दो-चन्दो कहते थे, पर अब तो घर के छोटे-छोटे बच्चे तक उसे चन्दो कहने लगे थे। परन्तु चन्दावती अपने दुःख में ये सब

अपमान की बातें भूल गई थी।

जब एक माह पहले हनुमान दादा को मियादी बुखार चढ़ गया था तब से उनके अन्तिम समय तक चन्दावती ने एक पैर पर खड़े होकर उनकी सेवा की थी। बैंक में जो तीस हजार रुपया जमा था वह सब उनकी बीमारी में उड़ गया था। जब दस-बारह दिनों तक उनका बुखार नहीं उतरा तो गाँव के डॉक्टर ने उन्हें लखनऊ ले जाने की सलाह दी।

चन्दावती ने अपने गले की जंजीर व कानों के झुमके बेचकर उनका इलाज करवाया। लखनऊ के पी.जी.आई. हॉस्पिटल का खर्च बहुत अधिक था। बुखार तो हनुमान दादा के दिमाग में चढ़ गया था। अन्त में वहाँ के डॉक्टरों ने भी जवाब दे दिया। अब जब वो बेसहारा हो गई तब उसको अपनी ज़िन्दगी बोझ लगने लगी। छोटकऊ तो इन तीस सालों से चन्दावती से अपनी दुश्मनी निभाते चले आ रहे थे। वो तो मन-ही-मन में हनुमान दादा के मरने का इन्तज़ार ही कर रहे थे। जब तक हनुमान दादा सुनने-समझने लायक थे, तब तक दिखावटी लल्लो-चप्पो करते रहे। जैसे-जैसे उनकी तबियत बिगड़ती गई, वैसे-वैसे छोटकऊ महाराज उनसे दूर होते गए।

चन्दावती के पास अब कुछ भी नहीं बचा था। ब्राह्मणों-टोलेवालों के अलावा दूसरी बिरादरी के लोग उसका बहुत सम्मान करते थे। क्योंकि दूसरी बिरादरी के लोग उसे शुक्लाइन समझकर पैलगी (प्रणाम) करते थे। परन्तु ब्राह्मणों ने उसका नाम चन्दो चांडालिन रख दिया था। उसकी जाति के ही कारण कुछ लोग इस प्रकार उसकी बेइज्जती करते थे। पर दूसरी (पिछड़ी) जाति के लोग तो उसको शुक्लाइन ही कहते थे और प्रणाम भी करते थे। गाँवों में नाम बिगाड़ने की परम्परा चलती है। उसी में दूषित मानसिकता वाले लोगों को आनन्द आता है। एक बार हनुमान दादा ने बताया था कि नाम बिगाड़ने की परम्परा तो महाभारत के समय से चली आ रही है। कौरव दुर्योधन को दुर्योधन कहते थे परन्तु पांडवों ने उसका नाम सुयोधन रखा था। क्योंकि पांडव उसको सुयोधन कहकर पुकारते थे और चिढ़ाते थे। कहते थे—जब हम चाहें तुम्हें जीत लेंगे क्योंकि सुयोधन का मतलब है जिसको बड़ी आसानी से जीता जा सके। दौलतपुर में इस तरह से उल्टा-पुल्टा नाम रखने वाले बहुत लोग थे जिनके पास बस इसी तरह के काम थे। पहले के दिनों में गरमियों में नीम की छाँव तले और जाड़ों में अलाव के पास बैठकर इसी तरह की बातें होती रहती थीं, परन्तु अब टेलीविजन आ जाने के बाद से इस तरह की बैठकी में कुछ कमी जरूर आ गई है।

शाम होते-होते ज्यादातर रिश्तेदार चले गए। अब सड़कें बन गई हैं तो आने-जाने के साधन हर समय उपलब्ध रहते हैं। लेकिन छोटकऊ को तो चैन भी न पड़ी। हनुमान दादा का कमरा और बरामदा तो पहले से ही अलग था। बस थोड़ी-सी झपकी ही आई थी कि छोटकऊ बरामदे में लेटी हुई चन्दावती के पास पहुँच गए और कहने लगे— 'तेलिन भौजी! बहुत दिन हमारे घर में सो चुकी हो, अब जो तुमको इस घर में

लाए थे वो तो चले गए। अब तुम अपने रास्ते जाओ।'

चन्दावती को इस बात का अन्देशा तो पहले से ही था पर यह सब इतनी जल्दी होगा ऐसी आशा बिल्कुल न थी। चन्दावती उठकर बैठ गई, चारपाई के नीचे रखे हुए लोटे में से दो घूँट पानी पिया, फिर पूछा– 'क्या बात है छोटकऊ? अब तो तुम्हारे दद्दू के साथ इसी घर में रहते हुए तीस साल हो गए हैं, अब क्या हो गया? तीस साल पुराना फैसला तुम्हारे मिटाने से मिट जाएगा?... अभी सरपंच रामफल दादा मरे नहीं हैं उन्होंने ही हमारी शादी करवाई थी। घर में रहने का फैसला भी उन्होंने ही किया था।'

'अब जब दादा नहीं रहे तब वो शादी ...वो फैसला सब अपने-आप खत्म हो गया।'

'तुम कौन होते हो भैया-फैसला ख़तम करने वाले। गाँव में पंच हैं प्रधान हैं वही लोग फैसला करेंगे।'

'फैसला जब तक होगा तब तक शिवप्रसाद तुम्हारी क्या गति बना देगा, इसका अन्दाज तो तुमको बिल्कुल भी नहीं है। हम तो तुम्हारा भला चाहते हैं इसीलिए समझा रहे हैं। शिवप्रसाद तो अभी ...तत्काल तुमको घर से बाहर करने की ज़िद्द पर अड़ा है। तुम यदि अपनी इज्जत बचाना चाहती हो तो कल सबेरे इस घर में दिखाई न देना। रात में दरवाजा बन्द करके ही सोना। हमारा फर्ज था सो तुम्हें समझा दिया है। बाकी जो तुम्हारी समझ में आए वो करो।

छोटकऊ चले गए। चन्दावती की आँखों से नींद उड़न छू हो गई थी। वह डर गई थी। झटपट बरामदे से उठकर कमरे के अन्दर चली गई। इस समय तो उसे स्वयं सहारे की आवश्यकता थी। जिसके सहारे उसने अपना पूरा जीवन व्यतीत कर दिया था, वही इस अवस्था में धोखा देकर भगवान के पास चला गया था। अब तो चन्दावती का जीवन एक कटी पतंग की भाँति हो गया था। जब तक हनुमान दादा जीवित थे, तब तक उनके फैसले के सामने किसी प्रकार टीका-टिप्पणी करने की छोटकऊ की कभी हिम्मत नहीं पड़ी थी। हमेशा सिर झुकाकर ठीक है दादा कहने वाले छोटकऊ के विनीत स्वभाव की चन्दावती की आदत हो गई थी।

तीस वर्ष पहले जब चन्दावती इस घर में आई थी तब हनुमान दादा ने समझाया था कि पति-पत्नी के बीच में कोई तीसरा न आने पाए तो जीवन रूपी गाड़ी भली प्रकार आगे बढ़ती जाती है। अब एक-एक बात चन्दावती की आँखों के सामने चलचित्र की भाँति चमकने लगी। एक बार हनुमान दादा ने चन्दावती को बताया था कि भगवान राम और सीता माता के बीच बड़ी गहरी समझदारी थी। तुलसीदास जी ने कहा है–

जल को गए लक्खन हैं लरिका, परिखौ पिय छाँह घरीक हुइ ठाढ़े।
पोंछि पसेऊ बयारि करौं, अरु पाय पखारिहौं भूभुरि डाढ़े।
तुलसी रघुवीर प्रिया स्रम जानिकै, बैठि बिलम्ब लौं कंटक काढ़े
जानकी नाह को नेह लख्यों, पुलक्यों तनु वारि विलोचन बाढ़े।

अर्थात जब राम जी वन को चलने लगे तो सीता जी ने कहा कि– स्वामी हम भी चलेंगे। तब श्री राम ने उन्हें बहुत समझाया कि वन के ऊबड़-खाबड़ मार्ग में तुम नहीं चल पाओगी, परन्तु तब भी वे मानी नहीं। रास्ते में जब सीता जी थक जाती थी तब राम को पता चल जाता था कि इस समय सीता थकी हुई है। सबसे विशेष बात तो यह थी कि राम ने सीता से कभी यह नहीं कहा कि तुमने हठ क्यों की थी? राम ने कभी उन्हें चिढ़ाया नहीं कि अब लो मौज करो। बस राम तो सीता के मन की बात समझ जाते और चुपचाप किसी वृक्ष की छाया में बैठकर सुस्ताने लगते थे।

इस कविता में सीता कहती है– प्रिय, घड़ी-भर किसी वृक्ष की छाया में खड़े हो कर प्रतीक्षा कर लीजिए, क्योंकि लक्ष्मण अभी छोटे हैं और वो पानी लेने गए हैं। जब तक वो आते हैं तब तक लाओ तुम्हारा पसीना पोंछ दूँ। और अँगौछे से तुम्हें हवा कर दूँ। गलियारे की गरम-गरम धूल में तो तुम्हारे पैर जल गए होंगे, पानी आ जाए तो आपके पाँव धो दूँ। ऐसी बातें सुनकर राम अपनी प्राणप्रिया सीता के मन की बात समझ गए कि वास्तव में सीता स्वयं ही थक गई है, तब राम ने तो उनसे कुछ नहीं कहा बस चुपचाप अपने पाँव के काँटे निकालने लगे। राम जब पाँव के कंटक निकालने के बहाने बैठ गए और देर तक काँटा निकालने के बहाने बैठे रहे। तो सीता भी उनके मन की बात समझ गईं। वो समझ गईं कि उनके प्रियतम उनके प्रेम के वशीभूत हो रहे हैं, उन्हें विश्राम कराने के लिए देर लगा रहे हैं। और बिना किसी प्रकार की बातचीत के वो चुपचाप बैठे हैं। यह सोचकर हर्षातिरेक से सीता के शरीर में सुरसुरी-सी दौड़ गई, पूरा शरीर रोमांचित हो गया था।

इस प्रसंग के स्मरण होने से चन्दावती की आँखें फिर डबडबा गईं, और आँखों से आँसुओं की धार बहने लगी। वह आगे सोचने लगी कि–अभी उनको मरे कुल तेरह दिन ही बीते हैं और छोटकऊ ने अपना असली रंग दिखा ही दिया। मानो वो इसी दिन का इन्तज़ार कर रहे थे। सीता हो या मीरा इस संसार में प्रत्येक स्त्री को परीक्षा देनी ही पड़ती है। जिसका पति नहीं रहता उसका कोई सम्मान नहीं होता। औरत तो आदमी की छाया मानी जाती है। आदमी ख़तम तो औरत जीते-जी अपने-आप ख़त्म हो जाती है। विधवा का जीवन तो अपराधिनी की भाँति ही कटता है। देखो अब मेरे भाग्य में क्या लिखा है। लेकिन छोटकऊ जो अपनी मनमानी करने पर उतारू है और शिवप्रसाद को हमें घर से निकालने के लिए तैयार किया है, इस समस्या से किस प्रकार निपटा जा सकता है। इसी बात का सोच-विचार करते-करते चारपाई पर पड़े-पड़े चन्दावती को झपकी लग गई और वह सो गई। रात के घने अन्धकार की कालिमा चारो ओर फैल गई थी।

चन्दावती की नींद

चन्दावती बहुत थक गई थी। चारपाई पर पड़े-पड़े उसे नींद आ गई। सारी पुरानी बातें एक-एक करके सिनेमा की तरह याद आने लगीं। तीस वर्ष पहले उस दिन चन्दावती सकपहिता (बथुआ वाली दाल) बनाने के लिए बथुआ लेने गई थी। गेहूँ के खेतों में उस साल इतना अधिक बथुआ पैदा हो गया था कि यदि खेत की निराई न की जाती तो पूरी फसल चौपट हो जाती। सर्दी के दिन थे। उड़द की फसल भी खूब अच्छी हुई थी। चन्दावती अपनी लाल रंगवाली चूनर ओढ़े हनुमान दादा के खेत में बथुआ बीन रही थी। हनुमान दादा अपने रहट पर कटहल के वृक्ष के नीचे पानी की हौदिया के पास बैठे थे। न चन्दावती ने उनको देखा और न उन्होंने चन्दावती को देखा। उस समय चन्दावती नयी युवती थी और वह बहुत सुन्दर तो थी ही। उस दिन चन्दावती बथुआ बीनने के साथ-साथ अपनी तरंग में जोर-जोर से–

नदि नारे न जाओ श्याम पइयाँ परी,
नदि नारे जो जायो तो जइबै कियो।
बिच धारै न जायो श्याम पइयाँ परी
बिच धारै जो जायो तो जइबौ कियो।
वहि पारै न जायो श्याम पइयाँ परी
वहि पारै जो जायो तो जइबै कियो।
संग सवतिया न लावो श्याम पइयाँ परी।

यही गाना गा रही थी। इस गाने में न जाने ऐसी कौन-सी बात लगी कि वह चन्दावती से अपना दिल लगा बैठे। परिचय तो पहले से ही था। हनुमान दादा तब हट्टे-कट्टे पहलवान थे। गाँव में सब एक-दूसरे के परिवारों के विषय में बिना बताए ही जान लेते हैं। वैसे तो गाँव के कई मनचले लड़के चन्दावती के पीछे पड़े रहते थे पर हनुमान दादा तो उसी प्रकार आगे बढ़ते गए जैसे राजा शान्तनु मत्स्यगन्धा की देह की सुगन्ध से उसकी ओर खिंचे चले गए थे, वैसे ही हनुमान दादा चन्दावती की ओर खिंचते चले गए। यह गाना उनको पहले से ही बहुत पसन्द था। जब चन्दावती के सुरीले कंठ स्वर से आवाज निकलनी बन्द हो गई तब वह उसके पास पहुँचकर सामन्ती सुर में पूछने लगे–

'कौन है। रे?'

चन्दावती इस अचानक हुए प्रश्न से एकदम घबरा गई। फिर नजर उठाकर

सँभलकर बोली–पाँव लागी दादा, हम चन्दावती।

'हमारे खेत में क्या कर रही हो?'

'बथुआ बीन रहे हैं'।

...बीन लो।

'बस हो गई, बहुत हो गई है।'

अरे और बीन लो, हम क्या तुमको इसके लिए मना कर रहे हैं?

'बस अब बहुत हो गया, सकपहिता बनाने-भर को हो गया।'

'तुम्हारा गाना अच्छा लगा परन्तु रामलीला में तो तुम्हें गाते नहीं सुना'।

चन्दावती थोड़ा लजा गई फिर चंचलता से आँखें मटकाती हुई बोली–

'दादा! किसी से कहिएगा नहीं'।

क्यों?

आपको तो सब कुछ मालूम है कि विधवा स्त्री गाना कहाँ गा सकती है? फिर मैं तो बाल विधवा हूँ। क्या करूँ घर में भौजाई ने जो कुछ बताया उसी परम्परा को निभा रही हूँ'।

'और क्या बताया भौजाई ने'?

'सूर्य अस्त होने वाला है। अभी खाना बनाना है। हमारे दद्दू को हमारे ही हाथ की बनी पनेथी अच्छी लगती है। कभी फुरसत के समय फिर बताएँगे। अच्छा पाँव लागी।'

चन्दावती तो चली गई परन्तु राम जाने क्या हुआ कि उसका गाना–नदी नारे न जायो–उनके कलेजे के भीतर तक समा गया था। बड़ी देर तक वो उस गाने को मन-ही-मन दुहराते रहे। गाने के बड़े शौक़ीन थे। खेतों में जाना हो या बाग में अक्सर ट्रांजिस्टर उनके साथ ही रहता था। आज चन्दावती का गायन उनको बेसुध कर गया था। यद्यपि यह गाना उन्होंने ट्रांजिस्टर पर सैकड़ों बार सुना था, परन्तु चन्दावती के गाने का तरीका और उसके सुर का नशा उनके ऊपर जादू-सा करता चला गया। सोने जैसा चमकता उसका गोरा रंग उस पर लाल चुनर ओढ़े हुए उस हरे-भरे गेहूँ के खेत में बैठी वह बथुआ बीन रही थी, उसकी वह छवि हनुमान दादा को ऐसी लगी मानो कोई स्वर्ग की अप्सरा उनके खेत में उतर आई हो। रामलीला में तो वह कई बार उसे गोद में उठा चुके थे, परन्तु आज इस प्रकार एकान्त में मिलने के कारण उनके ऊपर कुछ और ही जादू-सा छा गया था।

चन्दावती वास्तव में बहुत ही सुन्दर थी, उसकी सुन्दर काया ऐसी कि ठाकुर-ब्राह्मणों के घरों की सभी बहू और बेटियाँ उसके सामने नौकरानी जैसी लगती थीं। बस यही समझ लो कि पूरे दौलतपुर गाँव में उससे सुन्दर कोई लड़की नहीं थी। अब उसके घर में तेल पेरने का पुश्तैनी धन्धा समाप्त हो चुका था, क्योंकि बगल के गाँव सुमेरपुर में बिजली से चलने वाला कोल्हू लग गया था। अब चन्दावती के दद्दू शंकर मजदूरी करने लगे थे। दो बीघा खेती में गुजारा कठिनाई से हो पाता था। फिर भी दो भैसें थीं जिनके कारण उसके घर में खाने-पीने की कोई विशेष परेशानी नहीं थी।

चन्दावती की शादी सुमेरपुर गाँव में हुई थी। सब कुछ ठीक था, पर किस्मत का खेल तो देखो, अभी तो उसका गौना भी नहीं हुआ था उसका पति हैजे की बीमारी से खत्म हो गया। घरवालों ने बड़ी भाग-दौड़ की और यहाँ तक कि लखनऊ के मेडिकल कॉलेज तक ले गए परन्तु वह बच न सका। फिर उसकी ससुरालवालों ने कभी उसका गौना नहीं कराया। एक बार उसके भाई ने सुमेरपुर जाकर उन लोगों से विनती की, पर उससे भी कोई सफलता नहीं मिली। चन्दावती के ससुर ने तो साफ-साफ कह दिया 'शंकर भइया! तुम्हारी बहन मनहूस है, ब्याह होते ही अपने पति को खा गई, उससे अब हमारा कोई सम्बन्ध नहीं है। हमारे हिसाब से तो हमारे बेटे के साथ यह रिश्ता भी मर गया।'

चन्दावती के भाई ने उसके ससुर के बहुत हाथ-पाँव जोड़े तमाम मिन्नतें कीं, परन्तु वह टस-से-मस न हुआ। अन्त में चन्दावती अपने मायके में ही रहने लगी। उस बाल विधवा बालिका का कोई अन्य आश्रय नहीं था। गाँव की स्त्रियाँ उसे मनहूस कहने लगी थीं। पर वह अबोध बालिका सदा खिलखिलाती रहती। वैधव्य जीवन के दुःख से अनभिज्ञ, अभी तो वह अपने बचपन के खेल की सिकड़ी-गोट्टा-लुकाछिपी आदि खेलों में मस्त रहती थी। चन्दावती कभी विदा होकर ससुराल नहीं गई थी। वह तो पति के मायने भी नहीं समझती थी। अब वह धीरे-धीरे किशोरावस्था में प्रवेश कर रही थी। गुड़िया-गुड्डे की शादी रचाते हुए जब कुछ बड़ी हुई तो भी मगन दिखती थी। गाँव में उसे कभी किसी ने रोते हुए नहीं देखा। हाँ, यह हो सकता है कि वह एकान्त में बैठकर रोती हो। शंकर अपनी बहन को बड़े प्यार से रखता था। शंकर की पत्नी अब चन्दा से घर के काम-काज में मदद लेने लगी थी। वह भी घर के काम दौड़-दौड़कर करने लगी थी। समझदार तो वह थी ही, अब होशियारी भी सीख रही थी।

गाँव के ऊँची जाति के घरों की स्त्रियाँ उसके नैसर्गिक सौन्दर्य और अच्छे स्वभाव से चिढ़ती थीं। उन्होंने उसका नाम बिगाड़ दिया था, कोई चंडो, कोई रंडो कहती तो किसी बुढ़िया ने उसे 'चंडो-रंडो' का सम्बोधन उसके लिए निर्धारित कर दिया था। दौलतपुर गाँव में नाम बिगाड़ने की प्रथा जैसे चल पड़ी थी। बहरहाल वह इस कहा-सुनी पर कोई ध्यान न देती। बस अपने को व्यस्त रखते हुए प्रसन्न रहती।

दूसरे दिन हनुमान दादा ने शंकर को अपने घर बुलवाया। शंकर बुलावा सुनकर बहुत घबरा गया क्योंकि उसने हनुमान दादा से एक हजार रुपया कर्ज लिया था। बड़े उदास मन से शंकर उनके पास पहुँचा तो हनुमान दादा अपने चबूतरे पर बैठे हुए थे।

'दादा पाय लागी'।

'खुश रहो आओ शंकर! आओ, कहो क्या हाल-चाल है?

'आपकी कृपा से सब कुछ ठीक-ठाक चल रहा है।'

'चन्दा की ससुरालवालों ने क्या कहा?'

उस बुड्ढे ने कह दिया कि हमारे बेटे के साथ ही यह रिश्तेदारी भी खत्म हो गई'।

'हाँ वह भी ठीक कहता है– जब उसका जवान बेटा ही खत्म हो गया तो फिर वह अपनी बहू को घर में कैसे रखे।... चन्दा का गौना?'

'गौना कहाँ हो पाया था दादा! गौने की पूरी तैयारी थी। कर्जदार भी हो गया, पर चन्दा का भाग्य ही फूट गया तो अब क्या करूँ दादा!'

'परेशान न हो शंकर! जो भी विधाता सोचते हैं वही करते हैं। तुलसी बाबा ने रामायण में लिखा है– होइहै सोई जो राम रचि राखा'।

हाँ दादा आप बिल्कुल ठीक कहते हो, लेकिन दादा! अब हमारे ऊपर बहुत बड़ी जिम्मेदारी आ गई है। हम आपसे क्या छिपाएँ–गाँव के कुछ शोहदे हमारी चन्दा के ताक-झाँक में रहने लगे हैं। अब हम क्या करें? विधाता ने उसको रूप ही ऐसा दिया है कि...'

हनुमान दादा ने कहा– 'हम समझ गए, देखो शंकर! यदि तुम्हें इनमें से कोई सही-लड़का मिल जाए तो चन्दा का दुबारा ब्याह कर दो।'

'ब्याह करने वाला तो कोई नहीं है, सब मौज-मस्ती वाले हैं। विधवा से ब्याह कौन करेगा? बड़कऊ तिवारी के कमलेश और मिश्रा जी के विनोद ये दोनों उसके पीछे पड़े रहते हैं।'

'इन दोनों की तो शादी हो चुकी है दोनों ही बीबी-बच्चेवाले हैं।

यही तो बात है, हम क्या कहें? कुछ समझ में नहीं आता है...'।

'हमारी किसी मदत की जरूरत हो तो बताओ, यदि तुम कहो तो हम उनके पिता तिवारी और मिश्रा से बात करें।'

'नहीं-नहीं, दादा! आपकी बिरादरी में बात का बतंगड़ बन जाएगा और साथ में चन्दा की बदनामी भी हो जाएगी। कोई दूसरा उपाय करना पड़ेगा।

यह बात तो बिल्कुल ठीक है शंकर! यदि हो सके तो चन्दा का कहीं दूसरी जगह ब्याह कर दो।

'एक बार के ब्याह का कर्ज तो अभी निपट नहीं पाया है, और जो हिम्मत भी करूँ तो दूसरा लड़का कहाँ मिलेगा?

'इसमें कोई अचरज नहीं है कि हमारी तरह कोई विधुर मिल जाए।'

'आपके जैसा कहाँ मिलेगा?...मालिक!'

क्यों?

'अरे कहाँ आप ब्राह्मण देवता कहाँ हम नीच जाति का तेली?'

'बात तो तुम्हारी सोलहो आने ठीक है भाई शंकर। लेकिन हमें कोई ऐतराज नहीं है। जब हमारे घर में वो बीमार थी तब उनकी मालिश करने के लिए तुम्हारी पत्नी आती थी, तो उसके साथ चन्दा भी आती थी। हमें तो वह तभी से बहुत अच्छी लगती है, और यह बात मैंने कभी किसी से नहीं कही, आज केवल तुम्हें बता रहा हूँ। फिर रामलीला में वो सीता बनती थी और हम रावण बनते थे तभी से उसका रूप, और उसके गुणों

की परख हमें है। हमको इस ब्याह से कोई एतराज नहीं है।... देखो भाई परेशानी तो हमको भी बहुत होगी लेकिन फिर जो होगा उससे निपटा जाएगा। पहले तुम अपने घर में सलाह मशविरा कर लो और चन्दावती का मन टटोल लो। फिर दो-दिन बाद हमें जो भी हो वह चुपचाप बताओ।'

'अरे आपके जैसा ब्राह्मण और भला आदमी तो हमें दीया लेकर भी ढूँढ़े नहीं मिलेगा–यह तो गरीब प्रजा पर आपका बहुत बड़ा उपकार होगा।'

'देखो! साफ बात तो यह है कि तुम्हारी चन्दावती हमको बहुत पसन्द है लेकिन यह बात अपने घर के अलावा कहीं और मत कहना।'

'ठीक है दादा। पाय लागी।'

'प्रसन्न रहो, चन्दावती की राय जरूर ले लेना क्योंकि हमारी उम्र उसके हिसाब से कुछ ज्यादा है।'

'ठीक है'।

शंकर मन-ही-मन में खुशी के गुब्बारे फुलाते हुए अपने घर की तरफ चला गया। रास्ते में एक स्थान पर जरा रुककर अपनी जेब से बीड़ी निकाली, सुलगाया फिर कश लगाते हुए उल्लसित भाव से घर में घुसा। ख़ुशी के मारे शंकर के कदम सीधे नहीं पड़ रहे थे।

हनुमान दादा अपने मन की बात शंकर के सामने कहकर निश्चिन्त हो गए थे। दो साल पहले उनकी पत्नी का देहान्त हो गया था। परन्तु उनके कोई औलाद नहीं थी। इधर शंकर घर पहुँचा वह खुशी से चिहुँक रहा था। उसने अपनी पत्नी रजाना का हाथ पकड़ा और पीछे वाली कोठरी में खींचने लगा। रजाना चौका लीप रही थी।

उसके हाथ गोबर में सने थे उसने पूछा, क्या हुआ?

'पहले अन्दर चलो फिर बताएँ।'

'अरे तनिक रुक तो जाओ हाथ तो धो लें।'

'हाथ बाद में धोना, पहले चलो बहुत जरूरी बात है।'

शंकर रजाना को अन्दर कोठरी में खींच ले गया। रजाना को बड़ा आश्चर्य हो रहा था।

शंकर ने कहा, हम हनुमान दादा के घर से आ रहे हैं।... चन्दा कहाँ है?

'क्या हुआ चन्दा को, वह खेत की तरफ गई है।'

'चन्दा की किस्मत खुल गई।'

'पहेली न बुझाओ'

'पहेली नहीं बुझा रहा हूँ। सचमुच में हमारी चन्दा का भाग्य जाग गया।'

'क्या बता रहे हो? हमारी समझ में तो कुछ भी नहीं आ रहा है।'

'बात यह है कि हनुमान दादा हमारी चन्दा से ब्याह करना चाहते हैं।'

'अरे! क्या तुम पगला गए हो। भला ये कैसे हो सकता है'। कहाँ वो इतने भले मानुष ऊँची जाति के ब्राह्मण? कहाँ हम तेली'?

'यही बात तो हमने उनसे कही थी! पर वो बोले कि हम तो तैयार हैं तुम चन्दा से पूँछ लो'।

'फिर?'

हम तो कमलेश और विनोद की शिकायत करने गए थे। वहाँ तो चन्दा की समस्या ही सुलझ गई। आज तो वही कहावत सिद्ध हो गई कि 'कहाँ राजा भोज, औ कहाँ गंगू तेली' अब तुम बताओ... क्या और कैसे किया जाए। अगर सचमुच में हनुमान दादा चन्दा से ब्याह कर लेंगे तो हमारी चन्दा तो शुक्लाइन कहलाएगी। 'हनुमान दादा अगर चन्दा से ब्याह कर लेंगे तो सब समस्या सुधर जाएगी।'

'हमारी चन्दा जैसी खूबसूरत लड़की या बहू गाँव में दूसरी कोई है नहीं...।'

'यही तो बात है। क्या किया जाए?... लेकिन दादा ने कहा है कि चन्दा की राय जरूर ले ली जाए।'

लेकिन हमारी चन्दा जो हम कहेंगे वही करेगी ...हम उससे पहले जरूर पूछ लेंगे, पर वह हमारी बात को मना नहीं करेगी मुझे उस पर भरोसा है।

'ठीक है, ब्राह्मण हैं तो क्या हुआ, चन्दा के हिसाब से तो बहुत उम्रदराज होंगे। ...हम पहले चन्दा से राय ले लेंगे। जो हमारी चन्दा का मन होगा वही होगा।'

'तुम्हारी ये बात भी सही है और जब हनुमान दादा ने भी कहा है तो चन्दा की राय लेना जरूरी है।'

'हमारा कुछ खर्च-पानी तो नहीं होगा?'

'इसमें हमारा क्या खर्च होगा? जो कुछ खर्च-परेशानी होगी तो हनुमान दादा ही निपटेंगे। हम तो पहले से ही उनके कर्जदार हैं। हमारे सारे हालात उन्हें पता है।'

'अरे असली परेशानी तो ब्राह्मणों के मुहल्ले में होगी, उसको तो वो अपने-आप निपटेंगे। उसमें हम क्या करेंगे। ...ये काम अगर हो जाएगा तो हम तो हनुमान दादा की सलहज कहलाएँगी।'

'हम उनके साले बन जाएँगे, शुक्ला हनुमान दादा के साले कहलाएँगे, ब्राह्मण टोले के रिश्तेदार बन जाएँगे। ब्राह्मण तो देवता माने जाते हैं।'

'क्या सचमुच में ब्राह्मण देवता होते हैं?'

'पुरखे तो यही कहते थे...।'

'अरे हनुमान दादा जो हमारी चन्दा से शादी रचा लेंगे तो समझो कि वो हमारे लिए देवता ही हैं।'

तुम बिल्कुल ठीक कह रही हो जो कोई भी हमारा भला करे वही देवता है।

'लेकिन गाँव में लड़ाई-झगड़ा न हो जाए, क्योंकि हमारी समझ से इस ब्याह में ब्राह्मण मोहल्ले से कोई भी शामिल नहीं होगा।'

यह सब बातें तो बाद की हैं पहले तुम चन्दा से तो पूछ लो। बाकी तो जो कुछ भी

होगा तो सब उन्हें बता देंगे वो अपने आप देखेंगे'।

'जो भी खर्च-पानी लगेगा वह सब उनसे पहले ही ले लेना।'

'सब बात कर ली जाएगी। पहले चन्दा के मन की बात जान लो फिर तो वो खुद ही सँभालेंगे।'

शंकर और रजाना दोनों ही हनुमान दादा के ब्याहवाले प्रस्ताव पर मन-ही-मन मगन थे। पंडित हनुमान शुक्ल चन्दा की तुलना में उम्र में बड़े थे पर इसमें क्या किया जाए। हनुमान दादा तो विधुर थे और चन्दा विधवा। दोनों के ही आगे कोई औलाद न थी। अभी दोनों ही जवान थे। विधवा और विधुर की भी कोई जिन्दगी होती है। मतलब दोनों का जीवन एकाकी था। एक अकेला, नकटा जिए तो बुरे हवाल। वैसे भी गाँव में विधवा स्त्री को अपशगुनी, मनहूस कहा जाता है। गाँव में होने वाले किसी शादी या पूजा के समय उसे वहाँ से हटा दिया जाता था जैसे वह कोई चांडालिन हो। और फिर तेलियों की जाति के विषय में पंडित लोग कहते थे कि शुभ यात्रा के समय अगर कही तेली सामने आ जाए तो यात्री की मौत निश्चित है—

एकला हिरना, दूजा स्यार।
ग्वाला मिले जो, भैंस सवार।।
तीन कोस तक मिले जो तेली
समझो मौत शीश पर खेली।

ग्रामीण समाज में पढ़े-लिखे व अनपढ़ हर तरह के पंडित होते हैं। और पूजापाठ-कर्मकांड कराने वाले पंडित तो अधिकांश पोंगा पन्थी होते हैं। उल्टे-सीधे संस्कृत के श्लोक पढ़ने लगते हैं, अड़ोम-सड़ोम स्वाहा कहकर दक्षिणा रखवा लेते हैं। और उस दिन का तो पूछना ही क्या—खाने में खीर पूरी तो मिल ही जाती थी। इसलिए कोई-न-कोई तीज-त्योहार, पूजा-पाठ आदि बताया करते हैं। ऐसे ढोंगी पंडितों से तो भगवान ही बचावे। गाँव के शिक्षित-अशिक्षित सभी लोग इन पोंगा पंडितों के इशारों पर चलते रहते हैं। दौलतपुर गाँव में पंडित गिरिजा प्रसाद मिश्र पूजा-पाठ और मरनी-करनी के पूरे कर्मकांड करवाते थे। ये पंडित जी भी इसी प्रकार की उल्टी-टेढ़ी बातें करके अपना धन्धा चलाते थे।

भैंस का चारा-पानी करके चन्दा ने घर में अन्दर कदम रखा तो रजाना ने पकड़ कर अपने अंक में भर लिया। चन्दावती तो एकदम भौचक्की रह गई, उसकी समझ में कुछ भी न आया। भाभी अपनी ननद को बार-बार चूमने लगी। अपने भाई-भाभी पर बोझ बनी चन्दा को यह सब अचम्भित कर रहा था। चन्दावती ने अपने ब्याह के समय भी अपनी भाभी को इस प्रकार चूमते-चाटते नहीं देखा था। बड़ी देर तक रजाना इसी प्रकार करती रही। आखिरकार चन्दा से और सब्र न हुआ। उसने पूछा—

'क्या हुआ भौजी? कुछ बताओगी भी या इसी प्रकार गले ही लगती रहोगी।'

'अरे, चन्दा तुम्हारी तो किस्मत ही खुल गई।'

'क्या हुआ भौजी। क्या सुमेरपुर वाले...'

'उन नासपीटे दाढ़ी जार बदतमीजों का नाम न लो।'

तो फिर क्या कोई लॉटरी खुल गई है?'

'तुम यही समझ लो।'

भौजी, पहेली न बुझाओ, खुलकर तो बताओ।

हनुमान दादा को जानती हो?

अब हनुमान दादा को क्या हो गया? उनको कौन नहीं जानता?

'उन्होंने तुम्हारा हाथ माँगा है।'

'हमारा हाथ'।

'हाँ तुम्हारा हाथ। तुम उनको पसन्द आ गई हो। तुम्हारे भइया अभी उनका सन्देशा लाए हैं।'

'मैं तो उन्हें भला मानुस समझती थी।'

'क्या हुआ? उनमें कौन-सी बुराई तुमको नज़र आ गई?'

'मैं ऐसी ही ठीक हूँ। किसी की रखैल बनकर नहीं रहूँगी।'

ये क्या कह रही हो बेटी। हनुमान दादा तो तुमसे ब्याह करना चाहते हैं।

'भौजी! यह ब्याह तो बहाना है इन लार टपकाने वाले ब्राह्मणों का।'

'कैसे?'

'ये ब्राह्मण टोलेवाले हमें जीने नहीं देंगे। कमलेश तिवारी और मिश्रा चाचा के विनोद ये दोनों तो पहले से ही हमारे पीछे पड़े हैं।'

'अरे इनकी सबकी परवाह न करो। ये सब तो शादीशुदा हैं। लेकिन हनुमान दादा की पत्नी की मौत हो गई। उनकी कोई सन्तान भी नहीं है। आगे पूरा जीवन पड़ा है। तुम्हारे भाई कह रहे थे कि उनकी उम्र अभी 35 वर्ष से अधिक नहीं होगी।'

भौजी केवल उमर की बात नहीं है कहाँ हम विधवा तेलिन, कहाँ वो बीस बिसुवा के कन्नौजिया ब्राह्मण, वो अच्छे सम्पन्न किसान, ऊपर से पहलवान!

उनकी तो नाक (प्रतिष्ठा) बड़ी है। कैसे होगा यह ब्याह। हमारे लिए गाँव में लड़ाई-झगड़ा हो यह मैं बिल्कुल नहीं चाहती। नरसिंह भगवान ने हमें जो यह गोरी चमड़ी और यह सुन्दर रूप दिया है, यही हमारा दुश्मन है।

रजाना चन्दावती का मुँह ताकती खड़ी रही। फिर उसके चेहरे को सहलाते हुए उसे अपने सीने से लगा लिया। और बोलीं—अरे वाह बिटिया, तू तो बड़ी सयानी हो गई है री। इसकी चिन्ता न कर, जो कुछ भी होगा वह ब्राह्मण टोले में ही होगा। 'नहीं भौजी परेशानी तो हमारे घर-परिवार और पूरे खानदान को होगी।'

'तो फिर यह शादी कैसे हो पाएगी। हम तो चाहते थे कि यह शादी हो जाती और

तुम्हारा भी अपना घर-बार हो जाता।'

'देखो भौजी, हनुमान दादा के घरवाले और मुहल्लेवाले उनसे जो एक बार गाली-गलौज करेंगे तो हमको दस बार गाली देंगे। लड़ाई-झगड़ा, मारपीट, क़त्ल कुछ भी हो सकता है। गाँव का ही मामला है अगर कुछ दूरी होती तो भी ठीक होता।'

'फिर क्या होगा? कैसे होगा?... हनुमान दादा भले आदमी हैं।'

'तो ऐसा करो, हनुमान दादा को पहले हमारे घर बुलवा लो और सब लोग मिलकर उनसे साफ़-साफ़ बात कर लो। उनके मन में क्या है सब कुछ जान-समझ लो। हमारी हैसियत उनके जीवन में और उनके घर में क्या होगी; कल को कोई लड़का-बच्चा पैदा होगा तो उनके घर-जायदाद में उसका कुछ अधिकार होगा कि नहीं? मैं रखैल बनकर रहूँगी या उनकी घरवाली, ये सब बातें साफ कर लो।'

रजाना की तो आँखें खुल गईं, बोली 'अरे वाह बिटिया तुमने तो एक-एक बात साफ कर दी हमारा दिल तो खुश हो गया।'

रजाना के तीन लड़कियाँ और एक बेटा था। सब अभी छोटे-छोटे थे। बड़ा बच्चा अभी मुश्किल से दस वर्ष का रहा होगा। वे सब बच्चे आज कोल्हेउरे में बन रहा ताजा गुड़ लेकर आए थे। असल में हनुमान दादा का गन्ना पेरा गया था, उन्हीं का गुड़ बन रहा था। हर बार उनका एक-दो पारी गुड़ गाँव में बँट जाता था। चन्दावती के घर के बगल में ही कोल्हउरा था। घर में पूरी तरह से गुड़ की सोंधी खुशबू भर गई थी। क्या बच्चे-क्या बूढ़े सबका मन ललचाने लगता। उसके घर में वही खुशबू की सोंधी महक ऐसी लग रही थी मानो गाँव में कहीं विशाल यज्ञ-हवन हुआ हो। रजाना ने अपने लड़के के हाँथ से थोड़ा-सा गुड़ लेकर चन्दावती के मुँह में डाल दिया। बोली–

'मुँह मीठा कर लो आगे जो नरसिंह बाबा का मन होगा वही करेंगे। सब ठीक होगा ऐसा भरोसा है। तुम चिन्ता न करो, तुम्हारे दद्दू से सब तय करा लिया जाएगा।

ठीक है भौजी, अपने लिए हमको किसी बात की चिन्ता नहीं है।

चारों बच्चे गुड़ चाट-चाटकर आपस में हँस-हँसकर आँगन में नाच रहे थे। छोटा राजेश अभी ठीक से चल नहीं पाता था। तब भी अपनी नन्हीं-सी हथेली पर थोड़ा-सा गुड़ रखे आँगन में डोलने लगा था। रजाना और चन्दा भी यह सब देखकर ख़ुशी से झूमने लगीं।

अँधेरा हो गया था। थोड़ी देर में रजाना ने चौके में जाकर ढिबरी जला दी। उस समय दौलतपुर जैसे गाँवों में बिजली नहीं थी। बिजली कहीं-कहीं आ गई थी तो बस कहीं-कहीं चक्की, स्पेलर और ट्यूबेल आदि चलने लगे थे। गाँव के प्रधान दादा के ही ट्यूबेल पर यह सारा प्रबन्ध हो गया था। बिजली गाँव में पाँच-छः घंटे से ज्यादा न आती थी। अब इतना इन्तजाम हो गया था कि गाँव में घरों की स्त्रियों का चक्की पीसने का काम थोड़ा काम हो गया था। तेलियों का तेल पिराई का काम लगभग समाप्त हो गया था। टाइम-बेटाइम जब भी बत्ती आती थी तो सिंचाई के लिए पानी मिल जाता था। गाँव में अब हर समय कुछ-न-

कुछ हरियाली दिख जाती थी। हरी ताज़ी सब्जियाँ अब गाँव में ही मिलने लगी थीं। रजाना अपने पड़ोस के घर से लौकी ले आई थी। चन्दावती सिलबट्टे पर मसाला पीसने लगी तो रजाना ने लौकी काट ली, फिर चन्दावती ने आटा भी गूँथ लिया, रजाना ने सब्जी छौंकी और चन्दावती ने पनेथी (पानी से पोई जाने वाली रोटी) बना ली। दोनों ननद-भौजाई रोज इसी तरह काम निपटा लेती थीं। पता नहीं क्या बात थी कि दोनों में इतना प्रेम था। ऐसा प्रेम बहुत कम देखने को मिलता है– वह भी जब ननद विधवा हो। आज तो वैसे ही मन प्रसन्न हो रहा था। लेकिन चन्दावती बहुत अधिक सचेत थी। वह पढ़ी तो पाँच ही क्लास तक थी पर बुद्धिमान बहुत थी। रात में शंकर ने रजाना से पूछा –

'चन्दा ने क्या कहा?'

'चन्दा कहती है कि हनुमान दादा को घर बुलवा लो तो उनसे सारी बात साफ कर ली जाए। वह कहती है कि रखैल बनकर नहीं रहूँगी।'

'ये बात तो ठीक है। कल बुला लिया जाए। हम तीनों लोग बैठकर पहले उनसे सलाह-मशविरा कर लेंगे तभी कोई निर्णय करेंगे।'

रजाना फिर न जाने और कौन-सी बातें कहती ही रह गई और शंकर बिना सुने सो गए। फिर रजाना को जब यह पता चला कि शंकर सो गए हैं तो वह चुप हो गई। छोटकन्ना बच्चा अपनी माँ की छाती से चिपककर दूध पीने लगा। रजाना उसे दूध पिलाने लगी। तीनों लड़कियाँ सो गई थीं। जाड़े-भर वे तीनों लड़कियाँ चन्दा के साथ बरामदे में पड़े पुआल पर ही कथरी बिछाकर सोती थीं।

दूसरे दिन शंकर ने हनुमान दादा को सब हाल बताया। वो तो पहले ही यही कह चुके थे। वो शंकर के साथ उनके घर आ गए।

हनुमान दादा ने चन्दावती से पूछा–

'हाँ बताओ चन्दा? तुम क्या चाहती हो?...'

'कैसे करोगे यह ब्याह। पंडित जी महराज! अपनी बिरादरी और अपने घरवालों से क्या कहोगे? तेलिन के घर से ब्राह्मण की रिश्तेदारी तो हमने कभी सुनी नहीं ...।'

हनुमान दादा का सारा ज्ञान हवा हो गया, बेचारे जमीन ताकने लगे। फिर थोड़ी देर में खखारकर गला साफ करके बोले–

'हमारे घरवालों की चिन्ता तुम क्यों करती हो...'

'तो फिर और क्या करे? हमारी हैसियत तुम्हारे घर में क्या होगी?' रोज गाली खाऊँगी और तुम्हारी रखैल कहलाऊँगी, उससे तो हम विधवा ही अच्छी।'

हनुमान दादा एक बार फिर सन्न रह गए, उनकी सारी पहलवानी धरी-की-धरी रह गई। फिर मुँह की लार गुटककर कहने लगे–

'देखो चन्दावती ये बात समझ लो कि इन्सान अपनी जिम्मेदारी तो ले सकता है, लेकिन पूरे गाँव, समाज और क्षेत्र की जिम्मेदारी कोई नहीं ले सकता। हम अपने घर

की जिम्मेदारी ले सकते हैं। क्योंकि हम अपने घर के मुखिया हैं और अभी हम हर तरह से सक्षम हैं।'

'लेकिन हमारे ऊपर तुम्हारी दादागिरी नहीं चलेगी। हम महाराज कहेंगी'।

तो हम तुमको महारानी कहा करेंगे। वहाँ पर सभी लोग हँसने लगे।

चन्दा फिर बोली– 'किस रीति से करोगे यह ब्याह, विधवा स्त्री का ब्याह तो कभी सुना नहीं।... देखा भी नहीं कभी।'

तुम फिक्र न करो, 'ब्याह नरसिंह बाबा की कुटी पर होगा।'

'नरसिंह की कुटी पर क्यों?'

'भगवान नरसिंह बाबा हमारे ब्याह के साक्षी होंगे, उन्हीं के सामने पंडित जी हमारा ब्याह करवाएँगे।'

'महाराज यह समझ लो कि पत्थर के भगवान यदि कोई जरूरत पड़ गई तो वे गवाही देने नहीं आएँगे। कुछ गाँव के जीते-जागते इन्सान भी वहाँ उपस्थित होने चाहिए।'

'कुछ तुम्हारे घर के, कुछ हमारे घर के, प्रधान रामफल दादा और गाँव के दस-पन्द्रह आदमी औरतें हो जाएँगी।'

'अरे इतने लोग बहुत हैं,' यह तो बताओ महराज कि कल को अगर हमारे कोई लड़का-बच्चा होगा तो तुम्हारी जमीन-जायदाद में उसको कोई अधिकार मिलेगा कि नहीं?'– अभी तक चन्दावती के सारे सवाल हनुमान दादा पर भारी पड़े। पर किया क्या जाए अब जब अपना सब कुछ चन्दावती पर लुटा बैठे थे। कहने लगे –

'क्यों नहीं होगा? हमारे जीवन काल में जो चाहोगी, निश्चित ही वही होगा। बेफिक्र रहो।'

चन्दावती के मन में जो भी आया वह सब कुछ उसने पूछ लिया। उसके मन में कोई भय नहीं था। उसने पहले से ही उनकी आँखों को पढ़ लिया था। कहने लगी–

'और तुम्हारे बाद क्या होगा? हमारे बच्चों को उनका हक़ मिलेगा या नहीं?'

यह प्रश्न तो बड़ा कठिन था। हनुमान दादा चारो खाने चित हो गए। उनकी जबान लड़खड़ा गई, किसी तरह बोले–

'जब लड़के-बच्चे हो जाएँगे तो उनको भी अधिकार मिलेगा। अब तुम हमारी बात ध्यान से सुन लो–ब्याह के बाद हमको एक दिन के लिए भी अकेले न छोड़ना। हमारी तरफ से तुम्हें पूरे अधिकार मिलेंगे।'

'तो ठीक है महाराज। हम भी तैयार हैं।'

'भइया शंकर देखो गाँव में अभी किसी से इस बात की चर्चा न करना। परसों शुक्रवार के दिन तुम अपने घर के सब लोगों को लेकर कुटी पर पहुँच जाना। ब्याह की बात न करना। यदि कोई पूछे तो कह देना नरसिंह बाबा की परिक्रमा करने जा रहे हैं। ब्याह के बाद तो सबको धीरे-धीरे अपने-आप पता चल ही जाएगा।'

'ठीक है दादा। मै ध्यान रखूँगा।'

नरसिंह बाबा की परिक्रमा

बेचैनी में नींद कहाँ आती है, चन्दावती की आँख खुल गई थी, लेकिन अभी रात होने के कारण वह लेटी रही। उसको फिर से तमाम बातें याद आने लगीं। अब तो खुली आँखों से मानो स्वप्न लोक में विचरण करने लगी। और पुरानी तमाम बातें उसके स्मृति पटल से गुजरने लगीं।

तब उस समय इन्दिरा गाँधी की नसबन्दी वाली योजना प्रारम्भ हुई थी। गाँव के साथ सात-आठ आदमियों की नसबन्दी करवा दी गई थी, और जवार के बहुत से आदमी जबरिया नपुंसक बना दिए गए थे। गाँव में चोरी-चकारी कम हो गई थी। क्योंकि जो कोई चोरी करते पकड़ा जाता था उसकी नसबन्दी करवा दी जाती थी। नसबन्दी के केस देने वालों को नौकरी दी जाती थी और जो लोग नौकरी में पहले से थे उनको प्रोन्नत किया जाता था। कई गरीब दुःखी जरूरतमन्द लोगों ने मजबूरी में अपनी नसबन्दी करवाकर सरकारी कर्जा पास कराया था। वीडियो साहब बता रहे थे कि जिस गाँव में सबसे ज्यादा नसबन्दी के केस होंगे उसी गाँव के गलियारों में खड़ंजा बिछाकर पक्का किया जाएगा। और वही आदर्श गाँव माना जाएगा। इस उलटे-पुलटे ऑपरेशन में कई लोग तो परलोक वासी भी हो गए थे। अस्पतालवालों ने बुढ़िया न देखा, न जवान जो भी औरत हॉस्पिटल गई किसी-न-किसी बहाने उसकी नसबन्दी कर दी।

अधिकांश गरीब व अनपढ़ लोग इसके शिकार हुए थे। हाँ, सबसे अच्छा एक काम यह हुआ कि सब कार्य सही समय पर होने लगे थे। सारे दफ्तर ठीक समय पर खुलने लगे थे। रिश्वतखोरी काम हो गई थी। चाहे गाँव का अस्पताल हो या राशन की दुकान हो, विद्यालय हो या थाना, सब जगह के कर्मचारी चाक-चौबन्द हो गए थे। सो दौलतपुर के विद्यालय में अब सुधार हो गया था। गाँव के सारे लड़के-लड़कियाँ भी ठीक समय पर विद्यालय पहुँचने लगे थे।

इसी विद्यालय से चन्दावती ने कक्षा पाँच तक पढ़ाई की थी। और अब तो वह शंकर के बच्चों को पढ़ाया करती थी। चारो बच्चे जब बुआ-बुआ करके चन्दावती के साथ खेलने लगते थे तब घर का वातावरण खुशियों से भर उठता था। जब से चन्दावती की ब्याह की बात पक्की हो गई थी तब से वह बच्चों से कुछ दूर रहने लगी थी। अब सब कुछ चन्दावती के अनुकूल ही हो रहा था। अब सभी को शुक्रवार का इन्तजार था। वादे के अनुसार सब लोग नरसिंह बाबा की परिक्रमा की तैयारी में जुट गए थे।

जब शुक्रवार का दिन आ गया तब शंकर व रजाना ने नहा-धोकर सब बच्चों को भी नहलाया-धुलाया और फिर तैयार होकर नरसिंह बाबा की कुटी की तरफ चल दिए। साथ में सकटू और मोलहे दोनों पड़ोसी भी पत्नी तथा बच्चों के साथ नरसिंह बाबा की कुटी की तरफ प्रस्थान करने लगे। अपने पड़ोसी की बैलगाड़ी में सब लोग बैठ गए। दौलतपुर से कुटी अधिक दूर नहीं थी। सकटू के बैल बड़े मजबूत थे। टीले पर बनी कुटी की चढ़ाई उनके लिए मैदान की तरह थी। कुटी के पास पहुँचकर सकटू ने बैलगाड़ी रोक दी। बहुत विशाल बरगद का पेड़ था उसी के पास कुटिया बनी थी। उसमें काले पत्थर की नृसिंह भगवान की मूर्ति स्थापित थी। उस मूर्ति में भगवान नृसिंह के रूप में हिरण्यकश्यप का पेट चीरते हुए दिखाई देते हैं। इस मूर्ति में चार हाथ दिखाए गए थे। एक हाथ में चक्र सुदर्शन और एक हाथ आशीर्वाद की मुद्रा में था तथा शेष दो हाथों से हिरण्यकश्यप का पेट चीरते हुए दिखाई दे रहे थे। मानो भगवान सबको यही सन्देश दे रहे थे कि अत्याचारी का अन्त इसी तरह होता है। ख़ास बात ये थी कि इस मूर्ति में भगवान के मुख पर क्रोध नहीं बल्कि आँखों से स्नेह टपक रहा था। गाँव के बुजुर्ग लोग बताते थे कि संसार में ऐसी मूर्ति दूसरी कहीं नहीं सुनी जाती थी।

आस-पास के गाँवों के लोग भी मान मन्ता करने के लिए वही जाते थे। गाँव में होने वाली पंचायतों में नरसिंह भगवान की कसम खाई जाती थी। यहाँ पर कोई पुजारी नहीं था। पंडित भी न था। जिसको पूजा करवानी होती थी वह अपना पुजारी साथ लाता था। बरगद के नीचे वहाँ आने वाले जटाधारी साधु-संन्यासी और पथिक मनमाफिक विश्राम करने लगते। जब तक मन होता तब तक रुकते थे जब इच्छा होती चले जाते।

सकटू ने बैलों को एक किनारे बाँध दिया था। सभी लोग उसी बरगद के नीचे एकत्र हो गए थे। तभी सकटू बोले शंकर भाई! तुम इस परिक्रमा के चक्कर में कैसे पड़ गए?

'बस थोड़ी ही देर में सब समझ में आ जाएगा—प्रधान दादा को आ जाने दीजिए।'

'किसी साधु-संन्यासी के चक्कर में तो नहीं पड़ गए?'

'अरे नहीं। ठग साधुओं का तो रास्ता हम खुद ही काट देते हैं—हम तेली हैं, हम को जानते-समझते ही वो स्वयं भाग लेते हैं। वह हमको अपशकुनी मानते हैं, और उनकी ठगी को हम खूब समझते हैं।'

'देखो दो बैलगाड़ियाँ आ रही हैं। बस तो वह आ गए।'

बरगद के चारो ओर तमाम मोटी-पतली जटाएँ लटक रही थीं। चील, कौआ, बाज, तोता आदि सारे पक्षियों ने अपनी डाल चुनकर उस पर बैठने का अपना-अपना स्थान निश्चित कर रखा था। मालूम होता था कि मानो चिड़ियों का कोई गाँव जैसा उस पेड़ पर बसा हुआ है। उसके ऊपर की डालों पर चील, कौआ, बाज और महोख पक्षियों के जोड़े थे, और उसी बरगद पर नीचे की डालो पर श्याम चिरैया, तिलोरी, पेढुकी, तोता, लालचिरैया, सब अपने हिसाब से रहती थीं। कभी उनमें लड़ाई होती कभी-कभी तो

एक-दूसरे के पंख भी नोच डालती थी और फिर आपस में हिलमिल कर उसी बरगद में खो जाती थीं। वह पेड़ बहुत घना और विशाल था, आस-पास में चिड़ियों को दाना-पानी भी मिल जाता था। चील बरगद की सबसे ऊँची फुनगी पर बैठकर अपने शिकार को दूर से ही आते देख लेती थी। गाँव के जानवर चराने वाले चरवाहों के बच्चे उस पेड़ की जटाओं को पकड़-पकड़कर झूला झूलते थे। आम पथिक भी वहाँ आकर सुस्ताने के लिए रुक जाते थे।

बरगद के आस-पास बने चबूतरे पर शंकर के चारो बच्चे बैठ कर खेलने लगे थे। चन्दावती अपनी भाभी के साथ नरसिंह भगवान की मूर्ति के पास चली गई। हनुमान महराज छोटकऊ, प्रधान रामफल, मोलहे, गनीमियाँ, पंडित गिरिजा प्रसाद, नाई और कुछ दूसरे कहार, कुम्हार, धोबी आदि भी बैलगाड़ियों में लदकर आ गए थे।

जब सभी लोग बरगद के नीचे एकत्र हो गए तब प्रधान रामफल सबको सम्बोधित करते हुए बोले–

'आओ सब लोग बैठो, हम सभी यहाँ एक बड़े ही नेक काम के लिए आए हैं। सब लोग ध्यान से सुन लीजिए'– जब सभी वहीं चबूतरे पर बैठ गए, तब प्रधान अपनी बात प्रारम्भ की– 'देखो, आज यहाँ नरसिंह भगवान के सामने एक बहुत बड़ा कार्य होने जा रहा है। हम उसको खुलकर बताते हैं। चन्दावती हमारे गाँव की बेटी है जो बाल-विधवा है और दूसरी तरफ हमारे गाँव की शान है हमारे हनुमान भाई। इनकी पत्नी स्वर्ग सिधार गई है। ये बात तो सबको पता ही है। हनुमान दादा और चन्दावती दोनों एक-दूसरे के साथ रहना चाहते हैं। भई, हमारे हिसाब से तो यह ठीक है। ये दोनों लोग शादी करना चाहते हैं। हमको तो लगता है कि विधुर विधवा विवाह से हमारे गाँव दौलतपुर की इज्जत बढ़ जाएगी।

पंडित गिरिजा प्रसाद तुरन्त बोल उठे 'क्या बात कर रहे हो? प्रधान दादा, इस जाति-कुजाति के मिलन को ब्याह बता रहे हो, क्या हो गया है तुम्हें।'

'हमको तो कुछ नहीं हुआ है लेकिन लगता है तुम्हारी अकल ठिकाने नहीं है। अरे दो प्राणी एक-दूसरे का सहारा बनना चाहते हैं, एक-दूसरे से प्रेम करते हैं और तुमको उसमें जाति-कुजाति दिखाई पड़ रही है। पंडित जी हमने भी किताबों में पढ़ा है। स्वामी दयानन्द तो विधवा-विवाह के बड़े हिमायती थे। और 'गोदान' के मुंशी प्रेमचन्द ने तो विधवा से विवाह किया था तो क्या उनकी इज्जत घट गई थी।'

'हम ये सब कुछ ज्यादा तो नहीं जानते पर इस जाति-कुजाति के गलत रिश्ते के कारण कहीं ब्राह्मणों के मोहल्लेवाले तेली मोहल्ले पर चढ़ाई न कर दें।'

इसीलिए यह शादी यहाँ नरसिंह भगवान के सामने नयी रीति से होगी।

'वो कैसे?'

'जब तुम मन्त्र पढ़ोगे और यह लोग नरसिंह भगवान की सात बार परिक्रमा करेंगे।

अगर हवन करना चाहें तो वह भी हो जाएगा।'

'ये कैसा ब्याह होगा?'

'तुम तो पंडित हो, पोथी में पढ़कर बताओ ब्याह तो कई तरह से होते हैं। यह बात हमने पढ़ी भी है। अनुलोम विलोम, गन्धर्व, राक्षस आदि न जाने कौन-कौन से। फिर इनका तो आपस में प्रेम है तुम इसको प्रेम-विवाह समझ लो कि दोनों ही जवान हैं और समझदार भी। हमारा तो यही निर्णय है अगर ये दोनों कहीं चोरी-छिपे मिलने लगे तो पूरा दौलतपुर गन्धाने लगेगा। 'छोटकऊ भइया अब तुम भी बताओ।'

हम क्या बताएँ? हनुमान भाई हमसे बड़े हैं, घर के मुखिया हैं तुम्हीं सब लोग देख लो, हमारे लड़के-बच्चों की शादी-ब्याह आगे न होंगे? जाति-बिरादरी में तो लुटिया डूब जाएगी, कलंक लग जाएगा तो उसका निदान कैसे होगा? अरे शादी ही करना चाहते हैं तो क्या अपनी जाति-बिरादरी की सभी लड़कियाँ मर गई हैं?'

हनुमान दादा बोले, 'देखो छोटकऊ ज्यादा तो हम कुछ जानते नहीं, लेकिन तुम चाहो तो अपनी जमीन-जायदाद का बँटवारा कर लो। हम अलग हो जाएँगे।' छोटकऊ ने मन में सोचा, 'हनुमान दादा के कोई औलाद तो है नहीं इसलिए अभी बँटवारा करना ठीक नहीं होगा। आगे जब कुछ होगा तो देखा जाएगा।' बोले–'ये क्या कह रहे हो दादा, तुम से अलग रहकर हम जी कैसे पाएँगे। तुम्हारा जो जी चाहे सो करो। बाक़ी सब पंडित जी जानें।'

पंडित जी बोले, हम क्या जानें? जब तुम सब लोग तैयार हो तो हम विधि-विधान करवा देंगे। हमको तो मन्त्र पढ़कर शंख बजाना है और अपनी दक्षिणा लेनी है। फिर ये ब्याह तो नयी विधि से हो रहा है इसमें तो दक्षिणा सवाई हो जाएगी। ब्याह हो जाएगा तो चन्दावती तेलिन से शुक्लाइन हो जाएगी क्योंकि जाति तो मर्दों के नाम की विरासत है। भगवान कृष्ण के तो साठ हजार रानियाँ थीं। और उन सबकी जाति अलग-अलग थी। सबका एक जैसा सम्मान होता था। प्रेम के आगे जाति-बिरादरी का कोई माने नहीं होता, और फिर प्रधान दादा जाति तो अपने कर्मों से बनती है ऐसा सब वेदों में लिखा है।

'तुम यार पंडित बड़ी जल्दी पाला बदल लेते हो। चलो फिर प्रारम्भ करो। दक्षिणा बढ़ाकर मिल जाएगी।

'फिर क्या ... अभी लो...' –कहते हुए पंडित जी ने झोले से अपना शंख और लाल कपड़े में बँधी पूजा की पोथी निकाली और फिर उसी चबूतरे पर अपना आसन जमाकर बैठ गए।

सारे उपस्थित लोग भी अपने-अपने हिसाब से बैठ गए। चन्दावती की चूनर और हनुमान दादा के अँगोछे में गाँठ लगाकर दोनों का गठबन्धन किया गया। हवन सम्पन्न हुआ। पंडित जी ने मन्त्र पढ़कर पहले नरसिंह भगवान की सात परिक्रमा करवाई, फिर अग्निदेवता के सात फेरे लगवाए। शंखनाद गूँज उठा। प्रधान दादा ने सभी को प्रसाद

दिया। लड्डू बाँटे गए। इस प्रकार दौलतपुर में पहली बार यह आदर्श विवाह सम्पन्न हुआ। वर-वधू दोनों प्रफुल्लित थे। पंडित जी को मुँहमाँगी दक्षिणा मिल गई थी। इसी समय अचानक कुटी वाले बाबा न जाने कहाँ से आकर प्रकट हो गए थे। बरगद की जटाओं की तरह बाबा के सिर पर भी विशाल जटाएँ विराजमान थीं। जिनको उन्होंने अपने सिर में पगड़ी की भाँति लपेट लिया था। साँवले शरीर पर उज्ज्वल अँचला और शरीर पर भस्म रमाए बाबा न जाने किस दिशा से पधार गए थे। आस-पास के गाँवों के लोग सब उनको जटायु बाबा कहते थे। उनको भी प्रसाद दिया गया। सारा प्रसंग सुनकर उन्होंने वर-वधू को आशीर्वाद दिया, फिर बोले यह लड़की तो साक्षात सीता माता का ही रूप लगती है।

प्रधान जी बोले–बाबा जी! आप ठीक कहते हैं। यह चन्दावती है। गाँव की रामलीला में यह कई बार सीता का रोल कर चुकी है। इससे बढ़िया सीता का रोल अभी तक कोई दूसरी लड़की नहीं निभा पाई है। ये देखो हनुमान दादा है, जो रामलीला में रावण बनते हैं। आज इन दोनों का विवाह हुआ है।

बाबा जी हँस पड़े, फिर बोले–'वाह रे कलयुग रावण और सीता की शादी करवा दी।'

'वह लीला है बाबा, यह जिन्दगी, दोनों चीजें अलग-अलग हैं।'–प्रधान ने समझाया।

'समझ गए बच्चा! जाओ सुखी रहो, अब जीवन का असली अभिनय शुरू करो।'

बाबा कभी-कभी वहाँ नरसिंह भगवान की कुटी पर जाया करते थे। जो कुछ मिल गया खा लिया, जहाँ जगह मिली सो गए, उनके घर-बार तो कुछ था नहीं। वह किसी से ज्यादा बातचीत नहीं करते थे। बस अपने-आप में खोए रहते थे। गनी मियाँ और गाँव के बड़े-बुजुर्ग लोग आपस में दबी जबान से कहा करते थे कि यह बाबा शायद कोई जासूस हो। कुछ लोगों ने उसे सुमेरपुर थाने में भी देखा था। लेकिन बाबा की वास्तविकता क्या थी, यह कोई नहीं जानता था। नरसिंह भगवान की परिक्रमा के पश्चात सभी लोगों ने गाँव की तरफ प्रस्थान किया। अब चन्दावती फिर से वधू बन गई थी। उसके गोरे पाँवों में महावर और माथे पर लाल बिन्दिया माँग में सिन्दूर उसकी सुन्दरता में चार चाँद लगा रहा था। तीनों बैलगाड़ियाँ हनुमान दादा के दरवाजे पर आकर रुक गईं। छोटकऊ की पत्नी फूलमती और बच्चे कुटी पर नहीं गए थे, अचानक इस ब्याह का समाचार सुनकर अचम्भित रह गए थे। प्रधान जी और पंडित जी ने आगे बढ़कर फूलमती को सारी जानकारी दी और समझाया। फूलमती ने बेमन होकर वधू के गृहप्रवेश की तैयारी की। नजर उतारी गई, फिर पंडित जी की राय-सलाह से बरोठे में रोली से माई बनाई गई, पानी उतारकर ढरकऊना दिया गया। गाँव की नाउन आगे आई और उसने सारी रस्में पूरी करवाई। सबको मिठाई बाँटी गई। फिर कुलदेवी की पूजा सम्पन्न कर लेने के बाद चन्दावती ने हनुमान दादा के कमरे में प्रवेश किया। चन्दावती के लिए यह घर

नया नहीं था। पहले भी वह दादा की पत्नी की मालिश के समय अपनी भाभी रजाना के साथ बहुत बार इस कोठरी में आ चुकी थी, परन्तु आज उसकी स्थिति अलग थी। उस समय वह नौकरानी होती थी और आज वह मालकिन थी। नाइन ने चन्दावती को सारी बातें समझा दी थी कि चन्दावती को कैसे रहना है, कहाँ लेटना है, कहाँ बैठना है। दोनों भाइयों के कमरे, दालान, रसोई आदि सब पहले से अलग-अलग थी। फूलमती ने छोटकऊ को न जाने क्या घुट्टी पिलाई थी कि शादी होने के तुरन्त बाद ही उन्होंने अपना चूल्हा-चौका अलग कर लिया था। हनुमान दादा को यह सब बहुत खराब लगा था परन्तु तुलसी बाबा का स्मरण करके शान्त ही रह गए थे। गाँववाले जब इस बँटवारे पर छींटाकशी करते तो दादा कहते– क्या करें भाई, तुलसी बाबा ने कहा है– 'मिलै न जगत सहोदर भ्राता' अब जैसा है वैसा है 'आखिर है तो हमारा छोटा भाई ही। जो उसका मन हो वही करने दो।'

ब्याह के बाद चन्दावती का रास्ता बिल्कुल साफ था। उसका दालान, कमरा, रसोई सब कुछ एकदम अलग था और यह सब अपने-आप पहले से मिल गया था। धन-दौलत की भी कोई कमी नहीं थी। बस घर का निकास द्वार एक ही था। बाकी दोनों भाइयों का बँटवारा हो गया था, पर खेती नहीं बँटी थी। उस दिन शादी-ब्याह की गहमा-गहमी में चन्दावती थक गई थी। वहीं पर पड़े हुए पलँग पर लेट गई। यहाँ पर इस समय उससे बात करने वाला कोई नहीं था। उसको अपना रामलीला में सीता बनने वाला रोल याद आने लगा। जब रावण बने हुए हनुमान महाराज रावण के रोल में 'सीता हरण' यानी उसको उठाने आते तो उसके डॉयलाग होते थे– 'दुष्ट, कामी रावण 'तुम हमारे श्रीराम को नहीं जानते हो, वे तुम्हारी लंका को जलाकर राखकर देंगे और तुम्हें भी भस्म कर देंगे।'

'अरे वो दर-दर भटकने वाला भिखारी राम–तुम्हारी कद्र क्या जाने सुन्दरी! न मेरे जैसा बलिष्ठ शरीर न मेरे जैसा राज-पाठ, किसके चक्कर में पड़ गई हो।... तुम्हारा जन्म तो सुख का भोग करने के लिए हुआ है। हमारी सोने की लंका में चलो तुम्हें पटरानी बनाएँगे।'– इतना कहकर रावण सीता को गोद में उठा लेता था और मंच के पीछे चला जाता था।

आज चन्दावती को वही सारी बातें याद आने लगीं। रामलीला के मंच पर राम ने तो कभी सीता को छुआ भी नहीं था पर रावण बने हनुमान, हमेशा उसको गोद में उठाकर मंच के पीछे ले जाते थे। दो-तीन बार ऐसा संयोग बना कि हनुमान महाराज रावण बने और चन्दावती सीता बनी। जब हनुमान महाराज रावण के वेश में सीता को गोद उठाते तो उसको कुछ सिहरन-सी महसूस होती थी। दुबले-पतले कमजोर श्रीराम को देखकर वह मन में सोचने लगती थी कि ऐसे मरियल राम कहीं उस जमाने में (अर्थात असली राम) होते तो सारी रामलीला असली रावणलीला बन जाती। चन्दावती

के अतिरिक्त सारे लोग रावण के रोल की बहुत प्रशंसा करते थे। तभी से चन्दावती के मन में कहीं-न-कहीं हनुमान महाराज के प्रति प्रेम का बीजारोपण हो गया था, परन्तु उसने मन के अन्तर में इस भाव को छिपा दिया था। कभी किसी से भी इसका जिक्र नहीं किया क्योंकि महाराज का गाँव में जो रुतबा था उसके बारे में सोचने पर भी उसे घबराहट होने लगती थी। जब उनकी पहली पत्नी की मृत्यु हुई थी तब से वो अपना अधिकांश समय घर से बाहर ही व्यतीत करते थे। घर में वे अपने को अकेला अनुभव करते थे। हालाँकि भरा-पूरा परिवार था उनके छोटे भाई का, परन्तु उनका मन किसी में भी नहीं रमता था। तभी उनकी उदास-निराश जिन्दगी में चन्दावती शुक्लपक्ष की चाँदनी बनकर आ गई। वक़्त-वक़्त की बात है। अब दोनों का ब्याह हो गया था। तो मिलन का संयोग अपने-आप बन गया था। इस बेमेल ब्याह में खुश होने की बात यही थी कि दोनों को जीवनसाथी मिल गए थे।

इसी प्रकार से तीस वर्ष तक एक साथ जीवन बिताने के बाद अब हनुमान महाराज परलोक सिधार गए थे। आसान नहीं था किसी कुलीन ब्राह्मण का किसी नीची जाति की विधवा लड़की से ब्याह करके ताल ठोंक के शान से अपने ही गाँव में रहना। बस बात केवल यही थी कि दौलतपुर गाँव में किसी की हिम्मत नहीं थी कि उनसे कोई कुछ कह सके। प्रधान ठाकुर रामफल तो हर बात में उनसे सलाह लेते थे। चार कोस के क्षेत्र में उनके जैसा कोई पहलवान नहीं था। बारहवीं कक्षा तक पढ़े भी थे। सब कुछ तो था एक कमी उन्हें बहुत अखरती थी, उनके कोई औलाद नहीं थी। पहली पत्नी दस वर्ष तक साथ रही पर सन्तान न हुई।

चन्दावती आगे सोचने लगी–तीस साल हमारी शादीशुदा जिन्दगी रही पर कोई औलाद न हुई। गाँव के सभी लोग हनुमान महराज की नपुंसकता के बारे में जान गए थे, परन्तु उनके सामने किसी को कुछ कहने का साहस नहीं था। चन्दावती से ब्याह करने के एक वर्ष बाद एक दिन महराज ने उसको बताया 'देखो चन्दा, अब हमारे ब्याह का एक साल हो गया लेकिन हम तुम्हारी गोद न भर सके।'

'तो क्या हो गया, अभी क्या बूढ़े हो गए हो।'

'वह बात नहीं है।'

'तो फिर क्या बात है, तनिक हमें भी बता दीजिए पहलवान जी।'

'तुमसे हमने एक बात छुपाई थी वही बताना चाहते हैं।'

ब्राह्मणों के मन में ना मालूम कितने जन्तर-मन्तर छिपे रहते हैं, यदि बताने वाली बात हो तो बता दो।

'आज सुन लो फिर पता नहीं कुछ बताने की हिम्मत कब जुटा पाऊँगा।'

'पंडित महाराज, तुम पहलवान हो तुम्हारे पास हिम्मत की क्या कमी है।'

'हम मजाक नहीं कर रहे हैं चन्दा! सुनो देखो, दस साल तक पंडिताइन हमारे

साथ रही पर उनकी गोद भी हम नहीं भर पाए।'

'क्यों?'

'हमारे अन्दर बच्चा पैदा करने की शक्ति समाप्त हो गई है।'

यह सुनकर तो चन्दावती वैसे ही काँपने लगी जैसे तूफानी हवा के झोंकों से कोई छपरिया हिलने लगती है। वह एकदम निढाल होकर बैठ गई। फिर उसकी आँखों में क्रोध झलकने लगा। उसको इस समय कुछ भी समझ में नहीं आ रहा था। वह पहले से ही इस बात से आशंकित थी कि इस शादी के चक्कर में हनुमान कहीं कोई धोखा न कर रहे हों। अब जब यह बात पता चली तो उसके कान बिल्कुल सुन्न हो गए थे। गाँव की औरतें हनुमान की नामर्दगी की बातें करती तो थीं परन्तु उसने कभी इन बातों पर विश्वास न किया था। फिर भी किसी तरह साहस जुटाकर उसने धीमे से पूछा– 'कैसे क्या हुआ?'

'ये तो हमें नहीं पता कि हमें हुआ क्या है, लेकिन अपनी जवानी की उम्र में एक दिन सुमेरपुर के दंगल में कुश्ती लड़ते समय हमारे चोट लग गई थी। दूसरे पहलवान ने हमारी कमर कसकर पकड़ ली थी और हम नीचे फिर उसने हमारी पीठ पर घस्से का दाँव चलाया, हमने उसका घस्सा तो रोक लिया पर उसके दाहिने हाथ का टेहुना सीधे हमारे अंडकोष पर चढ़ गया, हम बड़ी जोर से बिलबिला उठे। उस समय तो हमारी आँखों के सामने अँधेरा छा गया, कुछ भी समझ में नहीं आ रहा था।'

'फिर?'

'फिर क्या, सामने जो दर्शक चिल्ला रहे थे, जीतेगा हनुमान, जीतेगा हनुमान, वो सब शान्त हो गए थे, तब हमने प्रशंसकों को निराश देखकर उस समय अपना दर्द भुलाकर पूरी ताकत के साथ उस पर झपट्टा मारा, एक पटकनी दी तो वह पहलवान आह कह कर चित हो गया।'

'फिर आगे?'

'फिर अपने गुरु जी को बताया तो उन्होंने हमको नैमिष (नैमिषारण्य) वाले वैद्य जी के पास भिजवाया। वहाँ हमारा तीन महीनों तक इलाज चला। घर में तीन माह के दंगल का बहाना करके वहाँ रहे। शर्म के कारण घर में किसी को यह बात न बताई थी। नैमिष को चक्रतीर्थ कहा जाता है, वहाँ स्नान करने का अलग ही आनन्द है। तीन माह में दवा और अभ्यास से धीरे-धीरे सारा दर्द ख़त्म हो गया और घर वापस आने की तैयारी करने लगा तो उस समय वैद्य जी ने हमें बताया, 'बेटा अब तुम फिर से कुश्ती लड़ने के काबिल हो गए हो, परन्तु तुम्हारे अन्दर एक कमी हमेशा के लिए पैदा हो गई है।'

'मैंने पूछा, क्या हो गया है वैद्य जी? तो उन्होंने कहा कि तुम्हें सन्तानसुख मिलने में बाधा उत्पन्न हो गई है। यह सुनकर हमारा सिर चकराने लगा, कलेजा धक से रह गया। पर कर क्या सकते थे तभी से यह श्राप भोग रहा हूँ।'

'उसके बाद और कहीं नहीं दिखाया।'

लखनऊ में कई डॉक्टरों को दिखाया लेकिन सब अपनी-अपनी राय बताते थे पर कुछ ठीक नहीं लगा। अन्त में एक डॉक्टर ने कहा ऑपरेशन करवाना पड़ेगा, सब ठीक हो जाएगा।'

'फिर?'

'फिर क्या हमने ऑपरेशन नहीं करवाया, क्योंकि उसमें बड़ा खतरा रहता है। लिंग का ऑपरेशन कहते हैं बड़ा खतरनाक होता है। अब जैसा हूँ वैसा जीवित तो हूँ।'

चन्दावती की आँखों के आगे अँधेरा छा गया था। यह वृत्तान्त सुनकर वह थोड़ी देर निःशब्द बैठी रही। परन्तु थोड़ी ही देर में सजग हो गई और क्रोध के आवेश में दाँत पीसकर बोली, 'फिर यह ब्याह तुमने किसलिए किया था?'

'हमने तुमसे बस यही एक बात झूठ बोली थी उसके लिए हमको जो भी सजा दोगी हमें मंजूर है।'

'कुछ ऐसी गलतियाँ होती हैं जिनके लिए कोई माफी-वाफी नहीं होती है। हम प्रधान जी को बुलाएँगे, पंचायत कराएँगे।'

'जो चाहो सो करो चन्दा, लेकिन इसमें प्रधान जी क्या कर लेंगे और क्या कर लेगी पंचायत?'

'तुमने हमें जो धोखा दिया उसका क्या होगा?'

हनुमान महाराज के पास इस बात का कोई जवाब नहीं था। चन्दावती अधिक कुछ नहीं कह पाई। तीन-चार दिन तक चन्दावती मौन रही, उसने अपने पति से कोई बात नहीं की। फिर धीरे-धीरे बात आई-गई हो गई। पर चन्दावती के मन में उथल-पुथल मची थी। और फिर चन्दावती ने हनुमान से वादा ले लिया कि चाहे जो कुछ भी हो जाए नपुंसकता का इलाज किया जाएगा। थोड़े दिन बाद सुमेरपुर में दशहरे का मेला शुरू हो गया था।

वादे के अनुसार एक दिन चन्दावती उनको लेकर मेला देखने के बहाने हिमालय वाले बाबा के दवाखाने पहुँच गई। दवाखाना एक तम्बू के नीचे बना था। लाउडस्पीकर से एक आदमी बार-बार चिल्ला-चिल्लाकर आवाज दे रहा था– 'आ जाओ भइया, आ जाओ बहनों, घबराओ नहीं हिमालयवाले बाबा अब तुम्हारे कस्बे में आ गए हैं जो शर्तिया इलाज करने वाले बाबा हैं। चले आइए-चले आइए। आइए-आइए पेशाब में जलन होती हो, इन्द्रिय टेढ़ी हो गई हो, बच्चे नहीं हो रहे हों, बवासीर हो, भगन्दर हो। औरतों के पेशाब में सफेद पानी आता हो या फिर रक्त आता हो, पुरानी खाँसी हो, गठिया बाई हो, दमा हो, टी.बी. हो अथवा कब्ज रहता हो। अर्थात् कोई भी बीमारी हो तो बस आपको हिमालय वाले बाबा का नाम याद करना है। हर प्रकार की बीमारी का शर्तिया इलाज हिमालय पर उत्पन्न होने वाली शुद्ध जड़ी-बूटियों से होता है। अपना

मन दुःखी न करो, लाज-शर्म तजकर बस इस तम्बू के नीचे आ जाईए। आओ भाइयो! आओ बहनो! जिसने की शरम, उसके फूटे करम। आओ, सीधे-सीधे तम्बू के नीचे आ जाओ। यही सूचना बार-बार दोहराई जा रही थी। चन्दावती ने इसी बाबा के बारे में सुन रखा था, इसी बाबा के पास चन्दावती उन्हें ले आई। तम्बू के बाहर बैठा बाबा का वही चेला चन्दावती को देखते ही कहने लगा–'राम-राम बहन'।

फिर हनुमान दादा की तरफ देखकर बोला– 'आओ दादा राम-राम।'

'बताओ किसका इलाज करवाना है।'

'हमारे पति को दिखाना है।'

'बहुत अच्छा किया जो इन्हें यहाँ ले आईं। थोड़ी देर रुक जाइए, अभी भीतर बाबा के पास तीन मरीज हैं तुम्हारा चौथा नम्बर है। बस थोड़ा ही समय लगेगा। आप लोग बैठ जाइए।'

'दोनों लोग वहीं तिपायी पर बैठ गए। हनुमान महराज जानते थे कि इस प्रकार के ठगों के पास आने से कोई लाभ नहीं होने वाला है, परन्तु वह चुपचाप बैठकर तमाशा देखने लगे। अशिक्षित औरतों, आदमियों को अपनी ओर आकर्षित करने के लिए इस प्रकार के बाबा मेलों-ठेलों में अपनी दूकान लगाते हैं। थोड़ी ही देर में नम्बर आ गया तो बाबा का चेला कहने लगा–'जिसका इलाज करवाना है उसको अन्दर भेज दो।'

'हम दोनों लोग अन्दर जाएँगे।'

'तुम क्या करोगी, तुम्हारे सामने तो इन दादा को शर्म लगेगी।'

हनुमान उसे देखकर थोड़ा-सा मुस्कराए, लेकिन बोले कुछ नहीं। चन्दावती कहने लगी– 'भैया जब इलाज कराने आए है तो शर्म किस बात की। 'हम तो दोनों लोग अन्दर जाएँगे।'

'तो क्या ये तुम्हारे पति है।'

'हाँ ...क्यों'

'कुछ नहीं बहन उम्र को देखते हुए समझने में कुछ भूल हो गई।'

'तुम्हारी समझ में क्या आया?'

'कुछ नहीं, रुको हम बाबा से पूछ लें।' वह चेला अन्दर चला गया। फिर थोड़ी देर बाद बाहर आकर बोला, 'जाओ बाबा से बात हो गई है।'

हनुमान और चन्दावती दोनों लोग अन्दर बाबा के पास पहुँचे। बाबा की उम्र चालीस-बयालीस से अधिक नहीं होगी। घुँघराले छल्लहे बाल, गेहुँआ रंग, आँखों में सुरमा, माथे पर सफेद चन्दन जिसके ऊपर रोली का तिलक, गले में रुद्राक्ष की माला सब कुछ बहुत प्रभावित कर रहा था। बाबा एक गद्दे पर आसन जमाकर मसनद के सहारे बैठे थे। इन दोनों को देखकर बाबा बोले, 'आओ दादा आओ।' चन्दावती को देखकर बहन बोलने का साहस वह नहीं कर पाया। शायद सुन्दर स्त्री को देखकर उसे

बहन बोलने की जहमत वह नहीं उठाना चाहता था, क्योंकि उसकी शक्ल को देखने से ही पता चल जाता था कि वह पूरी दुनिया को चराए घूमता है अर्थात वह कितना धूर्त है। दोनों लोग वहाँ पहुँचकर पास पड़े गद्दे पर बैठ गए।

'बाबा ने पूछा क्या तकलीफ है?'

हनुमान चन्दावती की तरफ देखने लगे, बाबा की दृष्टि तो चन्दावती के मुख पर ही टिकी थी। फिर भी बाबा किसी तरह सँभलकर बोले–'शर्माने और घबड़ाने से काम नहीं चलेगा, डॉक्टर वैद्य से कुछ भी छिपाया नहीं जाता है।'

चन्दावती कहने लगी, 'बाबा ये हमारे पति हैं इन्हीं का इलाज करवाना है, वास्तविकता यह है कि हम अभी तक सन्तान सुख से वंचित हैं। बस इसीलिए...।'

'समझ गया, क्या पहलवानी करते हो, कुश्ती लड़ते हो?... पहलवान लगते हो।'

'हाँ बाबा ये बड़े नामी पहलवान थे। अब कुछ दिन से इन्होंने पहलवानी छोड़ दी है।'

हनुमान महराज तो चुपचाप अपना सिर झुकाए बैठे थे। बाबा बोले–'आओ भाई जरा देखने तो दो तभी तो कुछ पता चलेगा।'

चन्दावती ने अपना मुँह दूसरी तरफ घूमा लिया। बाबा ने हनुमान की धोती के अन्दर हाथ डालकर उनके अंडकोषों को टटोलकर देखा फिर मूत्राशय को हिलाकर भली-भाँति निरीक्षण किया। उसके बाद बगल में रखी हुई लाइफब्वाय की बट्टी से हाथ धोकर, तौलिया से हाथ पोंछकर बाबा बोला– वाह भइया इतना विशालकाय शरीर, बड़े-बड़े अंडकोष और इन्द्रिय बन्दर जैसी छोटी-सी? बहुत गड़बड़ मामला है। यही कारण है कि आप अपनी पत्नी को औलाद का सुख नहीं दे सके। भाई आप जरा बाहर बैठिए हम आपकी पत्नी से कुछ बात करना चाहते हैं।

हनुमान महाराज ने चन्दावती की तरफ देखा तो चन्दावती ने सिर हिलाकर उन्हें बाहर जाने के लिए इशारा किया और समझाया की चिन्ता न करो। तब भी उनसे रहा न गया और बोल पड़े–'जो भी वार्तालाप करना हो हमारे सामने करो, पीठ पीछे क्यों?'

तब चन्दावती ने उनसे कहा, 'आप थोड़ी देर के लिए बाहर चले जाइए हम अभी आते हैं। आप किसी प्रकार की चिन्ता न करें।'

जब हनुमान महराज बाहर चले गए तो बाबा ने चन्दावती को समझाया, और कहने लगा देखो यह बहुत पुरानी चोट है हम दवा तो दे देंगे, परन्तु सन्तान सुख प्राप्त हो यह क्षमता इस व्यक्ति के अन्दर नहीं है।

'फिर क्या किया जा सकता है?'

'फिर क्या हम दवा तो दे सकते हैं बाकी तुम चाहो तो नियोग को अपना सकती हो।'

'बाबा यह नियोग का क्या मतलब है?'

'नियोग का मतलब है कि सन्तान सुख प्राप्त करने के लिए किसी स्त्री को अपने

पति के अतिरिक्त शुभ मुहूर्त विचार कर किसी अन्य पुरुष के साथ सम्भोग करके गर्भधारण करना।'

'यह तो गलत काम है?'

'गलत इसमें कुछ भी नहीं है, यह तो बड़ी पुरानी परम्परा रही है।'

'बाबा क्या आपको अपनी दवा पर विश्वास नहीं है?'

'हमें तो यह विश्वास है कि तुम्हें सन्तान सुख अवश्य मिल सकता है परन्तु इसका प्रयास तो तुम्हें ही करना पड़ेगा, और इसमें गलत कुछ भी नहीं है। महाभारत के समय में इसी को अपनाने से कौरवो-पांडवों का जन्म हुआ था।'आज तक यह उपाय हमेशा कारगर सिद्ध हुआ है। 'खेती तो किसान के नाम ही रहती है उसमें यदि बीज कोई दूसरा बो दे इसमें गलत क्या है?' औरत खेती की तरह होती है। तुम अपने मन में खूब अच्छी तरह से सोच-विचार कर निर्णय लेना।' दवा कूटने-पीसने में समय लगता है। दवा कल ले जाना, हो सके तो तुम्हीं आ जाना। अभी दो खुराक दवा दे रहा हूँ, एक खुराक तो यहीं अभी पानी के साथ दे दो और दूसरी रात में खाना खाने के बाद दूध से दे देना। रात में यदि कोई चमत्कार हो जाए तो सबेरे आकर हमें बता जरूर जाना। यदि कुछ लाभ लगेगा तो यही दवा चलेगी, नहीं तो दवा बदलनी पड़ेगी।'

'ठीक कहते हो बाबा, तुम्हारे जैसे लम्पट बाबा सीधी-साधी स्त्रियों की जिन्दगी बर्बाद कर देते हैं। यह बात तो हमारी समझ में आ गई है परन्तु तुम ये बात अच्छी तरह से समझ लो कि यहाँ हमारे जवार में दूर-दूर तक अगर तुमने इस प्रकार कोई अश्लील हरकत की तो यह तुम्हारे तम्बू के बम्बू (बाँस) तुम्हारे पिछवाड़े में ठोंक दिए जाएँगे।

चन्दावती और हनुमान दोनों उस हिमालयवाले बाबा की दूकान से बाहर आ गए, हनुमान बोले 'देखो तो ये साले पाखंडी बाबा कैसे-कैसे दुनिया-भर के तमाशे खड़े करते हैं।'

'क्या पता इसी प्रकार कोई रास्ता निकल आए।' दवा के पैसे जमा कर दिया है, कल आकर दवाई ले जाना, जहाँ आपने पहले से इतना इलाज कर रखा है वहाँ थोड़ा और सही, इसे भी आजमा लीजिए।

'तुम्हारे मन का भ्रम है ये, कुछ भी नहीं होने वाला है। हमने तो शिवप्रसाद को ही अपनी औलाद मान लिया है। वो तुमसे क्या कह रहा था?'

'अरे ये बबौना कहता है कि किसी और से नियोग करवा लो तो शर्तिया सन्तान प्राप्त होगी।'

'ये नियोग कौन-सी बला है?'

कहते हैं जैसे महाभारत में सब कौरव-पांडव नियोग क्रिया के द्वारा पैदा हुए थे। 'उसी प्रकार तुम भी माँ बन सकती हो।'

'अरे तुमने हमें बताया नहीं।–चलो अभी हम उसके हाथ-पैर तोड़ के रख दे।'

'अपनी पहलवानी अपने काबू में रखो। अब घर वापस चलो। इसमें गलत क्या कहता है?'

'अपने पति के होते हुए भी।'

अपने पति में कोई कमी हो तभी तो यह नियम बनाया गया है। लेकिन तुम इस बात से परेशान न हो, इतनी जल्दी हम नियोग के लिए नहीं जाने वाली हैं।'

'अब तुम कल अकेले दवा लेने नहीं आना, मैं भी साथ आऊँगा।'

'क्या तुम्हें हमारे ऊपर विश्वास नहीं है?'

'क्या कह रही हो, तुम पर विश्वास न होता तो अपनी जिन्दगी तुम्हारे हाथों में कैसे सौंप देता? लेकिन इस बाबा पर बिल्कुल विश्वास नहीं है, साला बद्‌तमीजी करे तो दहिचोदऊ को अच्छी तरह से कूट-काट के रख दें।'

'अब चलो, कल देखा जाएगा, परन्तु मैं इतनी जल्दी हार मानने वाली नहीं हूँ। बाबा की बातों से कुछ तो आशा बँधी है। यदि दवा से कुछ लाभ नहीं हुआ तो फिर नियोग के द्वारा सन्तान सुख मिल ही जाएगा।'

ऐसी बात सुन हनुमान दादा तो एकदम से बिफर उठे। बोले–

'दुबारा इस नियोग-फियोग के बारे में बात भी न करना। ये साले बाबा सुन्दर औरत को देखकर हर वक़्त लार टपकाने लगते हैं। इनका न अपना घर-बार न पत्नी, कुछ भी तो नहीं होता बस हर समय दूसरों के घर में झाँकते रहते हैं।'

'अब तुम कुछ भी कहो इसी प्रकार ये बाबा लोग कभी-कभी दूसरों के जीवन में खुशियों के फूल भी बरसा देते हैं।'

'ये सब महापाप है चन्दावती।'

'ये पाप-पुण्य की व्याख्या तो ब्राह्मणों की पोथी में होती है। जीवन में जो अच्छा लगे वही करना चाहिए। यदि तुम्हें कोई एतराज न हो तो हम नियोग क्रिया को अपनाना चाहती है। अपने मन में अच्छी तरह सोच-विचार कर लो। हमारे अपने शरीर पर हमारा अधिकार है या नहीं, आखिर हमें माँ बनने का सुख कैसे मिलेगा। हमें तुमने धोखे में क्यों रखा, सच बताया क्यों नहीं?

हनुमान दादा निरुत्तर तो थे ही। वो बस चुपचाप टकटकी लगाकर चन्दावती को देखते रह गए। क्षमा माँगने के अतिरिक्त उनके पास कोई दूसरा रास्ता न था।

रात में खाई जाने वाली दवा से कोई लाभ नहीं हुआ था। हनुमान दादा पूरी रात सो नहीं पाए, उनकी आँखें अंगारों की भाँति लाल हो रही थीं। काफी दिनों तक दोनों के बीच तना-तनी बनी रही। बाद में फिर धीरे-धीरे चन्दावती ने अपने मन को यह सोचकर समझा लिया कि औलाद न सही पर शुक्लाइन का दर्जा तो हमें मिल ही गया है। गाँव के लोग शुक्लाइन समझकर हमारा सम्मान करते हैं।

और आज उनकी तेरहवीं के बाद चन्दावती घर में बिल्कुल अकेली हो गई थी।

छोटकऊ ने अल्टीमेटम दे ही दिया था कि अब तुम घर से निकल जाओ। जो तुम्हें इस घर में लेकर आए थे, वो तो अब रहे नहीं। अगर आज हमारे कोई औलाद होती तो छोटकऊ ऐसा साहस न कर पाते।

तेरहवीं के दिन सन्ध्या के समय जब छोटकऊ ने चन्दावती से इस तरह बात की तो हृदय कटी पतंग की तरह काँपने लगा। वह बहुत अधिक दुःखी हो गई थी। निःसन्तान होने का दुःख, पति के न रहने का दुःख, ऊपर से अब घर से बेघर होने का दुःख। चन्दावती का कलेजा छलनी हो गया था। उसकी समझ में कुछ नहीं आ रहा था।

उसके सामने पंचायत बिठवाने के अतिरिक्त कोई मार्ग नहीं बचा था। इसी प्रकार जीवन की यादों में खोई चन्दावती की आँखें अब एकदम खुल गई थीं। अभी रात का अँधेरा था। कमरे में रेडियम लगी हुई एक घड़ी लगी हुई थी जो अँधेरे में चमकती थी। चन्दावती ने घड़ी की ओर नजर डाली तो देखा अभी रात के दो बजे थे। तभी उसे अपने बगल के कमरे से शिवप्रसाद की आवाज सुनाई पड़ी, 'बस सबेरे ही फैसला हो जाएगा।' चन्दावती ने शिवप्रसाद की आवाज को पहचान लिया। वह बेचारी बेघर हो जाने के भय से काँपने लगी।

इस बार वह दुबारा विधवा हुई थी। सोचने लगी, औरत की जिन्दगी उसके पति के बिना वास्तव में मिट्टी है। पति चाहे नपुंसक हो या कुकर्मी हो, किन्तु होना अवश्य चाहिए। लेटे-लेटे वह फिर पुरानी यादों में चली गई। उसके मस्तिष्क में शिवप्रसाद के ब्याह की घटना घूमने लगी। यह रात्रि उस पर बहुत भारी पड़ रही थी। अब अचानक उसे शिवप्रसाद के ब्याह वाली रात की घटनाएँ याद आने लगी थीं।

●

शिवप्रसाद की बारात

उस दिन शिवप्रसाद की बारात दस बैलगाड़ियों पर सवार होकर गई थी। रहीमपुर से शादी हो रही थी तो बरात रहीमपुर गई थी। चार-चार दुनाली बन्दूकोंवाले ठाकुरों के अतिरिक्त गाँव व आस-पास के क्षेत्र के लोग उन सजी-धजी बैलगाड़ियों पर सवार हो रहे थे। नहलाए-धुलाए मजबूत बैलोंवाली गाड़ियाँ चमक रही थीं। बैलों के सींग रँगे गए थे। लाल-नीले बड़े-बड़े मोतियों की मालाएँ बैलों के गले में पहनाई गई थीं, क्योंकि वे बैल भी एक प्रकार से बाराती थे। गाड़ीवान अपने बैलों व गाड़ियों की तारीफ करने में जुटे थे। दस गाड़ियों के अलावा वहीं पर छः बराती बुलटवाले थे। उन लोगों के पास भी दुनाली बन्दूकें थीं। ऐसा लगता था मानो कहीं जंग लड़ने जा रहे हों। सभी बाराती साफ़-सुथरे लिबास धारण किए हुए थे।

पूरा घर लीप-पोतकर साफ-सुथरा किया गया था। आम के पत्तों को रंग-बिरंगी सुतली से बाँधकर बन्दनवार बनाए गए थे। कुलदेवी की कोठरी सजावट से चमक रही थी। सब दरवाजों के दोनों तरफ माई (कुलदेवी का प्रतीक, खानदान की पहचान) बनाई गई थी। घर की सारी चौखटें सजाई गई थीं। चमकीली पन्नी से भी कुछ बन्दनवार बाँधे गए थे। तेल-मैंन (शादी के एक दिन पहले की विशेष पूजा) सब एक दिन पहले ही हो गए थे। मध्य आँगन में स्तम्भ गाड़ा गया था। उसी के नीचे कलश स्थापित किया गया था जिसमें सरसों के तेल का दीपक जल रहा था। पंडित जी कुलदेवी की पूजा करवाने लगे तो सभी स्त्रियाँ विवाह गीत गाने लगीं घर के सभी स्त्री-पुरुष व बच्चे सभी अपनी-अपनी मस्ती में इधर-उधर झूम रहे थे। चूँकि ब्राह्मणों की बारात थी इसीलिए भाँग-ठंडाई व बर्फी का दौर भी चल रहा था। स्त्रियाँ रंग-बिरंगे लहँगे व सितारोंवाले चमकीले वस्त्रों से सजी-धजी घूम रही थीं। फूलमती यानी शिवप्रसाद की माँ का मन फूला नहीं समा रहा था। आखिर उसके बेटे की आज शादी जो थी। उसने आज लाल जड़ाऊ साड़ी पहनी थी, उसके ऊपर गुलाबी ओढ़नी (दुपट्टा) ओढ़े थी। उसका पहनावा वह साड़ी और ओढ़नी उसके सुन्दर रूप पर चार चाँद लगा रहा था। लेकिन चन्दावती की सुन्दरता की तो बात ही और थी। उसने बैगनी रंग की साड़ी पर फिरोज़ी रंग की ओढ़नी ओढ़ रखी थी। उसके नैन-नक्श फूलवती से कहीं अधिक सुन्दर थे। उसकी बोली-बानी व उसका व्यवहार सबको अपना बना ले रहा था। और ऐसा हो भी क्यों न, आखिर वह गाँव की हीरोइन रह चुकी थी। सीता माता का रोल वह जितना भली

प्रकार से उस पर फबता था उतना अच्छा कभी गाँव की किसी दूसरी लड़की पर नहीं फबा। यही कारण हुआ कि चन्दावती के ब्याह के बाद रामलीला गाँव से उजड़ गई थी। वह जो भी जैसे भी वस्त्र पहनती थी उसी में बड़ी सुन्दर लगने लगती थी। वास्तविक सुन्दरता तो उसकी सूरत और सीरत में थी। उसका व्यवहार सभी के लिए मधुर था।

नाइन चाची ने शिवप्रसाद के नाख़ून काटे। नाई चाचा ने दाढ़ी बनाई फिर उन्हें बड़ी-सी परात में बैठाकर नहलाया गया। फिर मंडप के नीचे बैठाकर पंडित जी ने पूजा करवाई। नाईन चाची ने पैरों में गुलाबी रंग लगाकर नाखुर किया और उसे नये वस्त्र पहनाए गए उसके ऊपर पीले रंग का जामा, फिर पटका बाँधा गया। फूफा ने सर पर पगड़ी बाँधी शिवप्रसाद के गले में कंचे-कंचे भर की गुरियों वाला कंठा पहनाया गया।

फिर गेंदा बुआ बोल उठीं—अरे बन्ने की आँखों में तनिक काजल तो लगा लेने दो ऐसे कैसे बाहर जाएगा।

तो कौन लगाएगा काजल?—हनुमान दादा ने पूछा।

काजल तो बुआ ही लगाती है।

तो लगाओ काजल मौर धरो, पगड़ी बाँधो और बनरे को घर से विदा करो।

अरे वाह भइया, ऐसे कैसे लगाए काजल पहले हमारा नेग तो दो।

तुम नेग की चिन्ता ना करो वो तो मिलेगा ही।

'तुम्हें क्या चाहिए?'

भइया हम नेग में गाय लेंगी।

'ठीक है, हमने तुम्हें गाय के साथ-साथ एक बछिया भी दी। अब जल्दी से काजल लगाओ।'

आओ बेटा शिवप्रसाद जरा काजल लगवा लो।

गेंदा बुआ ने बटुए से चाँदी की कजरौटी निकाली जिसे वे फतेहपुर से चलते समय अपने बटुए में इसीलिए रखकर लाई थी।

शिवप्रसाद के नजदीक जाकर उन्होंने उनकी आँखों में मोटा-मोटा काजल लगा दिया और बड़े स्नेह से उसका गाल चूम लिया। शिवप्रसाद इससे थोड़ा कसमसा गया था, क्योंकि बुआ तम्बाकू खाती थी जिसकी बास उनके मुँह से आ रही थी।

बस करो बुआ, तम्बाकू की बदबू मेरे मुँह में भर गई।

ऐसी बात नहीं है, बेटा हमने कुल्ला तो कर लिया था।

अच्छा बस भी करो।

बेवकूफ दास, पैर तो छुओ।

हँसते हुए शिवप्रसाद ने बुआ के पैर छुए। गेंदा बुआ ने आशीर्वचन कहे—प्रसन्न रहो बेटा, लक्ष्मी जैसी सुन्दर बहू आवे सबका जी खुश हो जाए। सुन्दरता में वो चन्दा भाभी से कम न हो।

'चिन्ता न करो दीदी, सुन्दरता में वो हमसे बढ़कर होगी।'–बगल में खड़ी चन्दावती बोल पड़ी।

शिवप्रसाद की आँखों का काजल देखकर सब हँसने लगे। उसे शर्म आने लगी और उसने जब शीशा देखा तो कहने लगा– 'ये क्या किया बुआ, ज्यादा नेग पाने के चक्कर में पूरी कजरौटी खाली कर दी।'

नहीं बेटा, इसमें तो बुआ का प्यार छुपा है।

हमको इसे छुड़ाने में एक घंटा लगेगा।

अरे नहीं बेटा यह शगुन का शुभ काजल है इसे धोना नहीं। अगर ज्यादा लग रहा है तो अँगौछा से पोंछ लो। शिवप्रसाद ने सचमुच अँगौछे से पोंछकर काजल कुछ कम किया।

फिर कुआँ ब्याहने की बेला आई। सभी औरतें विवाह गीत और बन्ना गीत गा रही थीं।

चन्दावती भी बन्ना गीत गाने लगी –

गीत– बन्ना इत्ते दिन कुँआरे काहे रहे
माली के गए माली न मिला मौरा बिन कुँआरे रहे।

तब यह गीत समाप्त होते ही मौसी सेहरा गीत गाने लगी–

सेहरा गीत- बन्ने राजा का बड़ी दूर से आया सेहरा
तेरे दादा ने खड़े होके गुँथाया सेहरा
दादी रानी ने कलेजे से लगाया सेहरा।

सभी स्त्रियाँ शिवप्रसाद को साथ लेकर गाँव के बाहर बने कुएँ पर गईं। कुआँ पूजन की रीति निभाने के बाद फूलमती कुएँ के अन्दर पैर लटकाकर उसकी जगत पर बैठ गई। सभी स्त्रियाँ जोर-जोर से गीत गाने लगीं उस समय शिवप्रसाद के ऊपर पीले रंग का जामा जिसे हल्दी से रंग कर पीला किया गया था बहुत फब रहा था। वह पूरा राजकुमार जैसा लग रहा था। तभी चन्दावती ने उससे कहा– 'बेटा अपनी माँ को पकड़कर उठाओ और इन्हें वचन दो कि मैं शादी के बाद भी इनका अच्छे से ध्यान रखूँगा।'

'तुम क्यों चिन्ता करती हो अम्मा, तुम्हें छोड़कर मैं कहीं नहीं रह सकता, शादी के बाद हम दोनों ही तुम्हारी सेवा करेंगे।

चन्दावती बोली– 'बहन फूलमती अब आ जाओ। रस्म पूरी हो गई। शिवप्रसाद अपना बच्चा है उसके वादे पर विश्वास करो। पूरे जीवन-भर तुम्हारा ध्यान रखेगा। तुम बिल्कुल चिन्ता न करो।'

गाँव की अन्य स्त्रियाँ भी इसी प्रकार फूलमती को समझाने लगीं तब वह कुएँ की जगत से उतरकर खड़ी हो गई। उसकी आँखों से प्रसन्नता के आँसू गिरने लगे। कुआँ घर से दूर तो नहीं था परन्तु कुआँ पूजन के बाद बनरा (लड़का) उस समय घर वापस

नहीं जाता है। शिवप्रसाद को सीधे कार में बैठा दिया गया। सभी औरतें परछन करने की तैयारी करने लगीं। भाभियाँ मूसल-मथानी लेकर उसके गालों में छुआने की रस्म और कच्चे आटे की बनी गोलियाँ उसके सर पर से नजर की तरह उतारकर फेंकने लगीं। फिर दही का टीका लगाकर कुछ शगुन के रुपए देने की रस्म अदा की गई। उसे वहीं रोककर कुछ औरतें घर वापस आ गईं, तभी हनुमान दादा कहने लगे। सब लोग तैयार हो गए हो तो चल दो, क्योंकि अब समय हो गया है। लड़कीवालों के दरवाजे छः बजे तक पहुँचना है। साढ़े छः बजे द्वारचार निश्चित हुआ है। ये फतेपुरवाले जीजा किधर हैं?'

जीजा जी वहीं पास में ही खड़े थे बोले– 'क्या हुआ भाई, क्या कह रहे हो, हमारी समझ में तो अब बारात के प्रस्थान का समय हो गया है। दूल्हा तो बाहर ही है अब सब लोग फटाफट घर से बाहर चल दें।'

सभी बाराती बाहर निकल आए तब गेंदा बुआ ने सभी बरातियों के माथे पर रोचना से टीका लगाकर 'ककुआ' का मशहूर पेड़ा खिलाकर व दही चखा कर सबको विदा किया। इसी विशेष अवसर के लिए 'ककुआ' के प्रसिद्ध पेड़े इटौजा से मँगाए गए थे। सबको फूलों की माला पहनाई गई थी। गाँव के मुखिया को हनुमान दादा ने इशारा किया तो ठाकुर रामफल बोल उठे–

'बनै तमाखू चलै बरात, करौ न भइया हियैने रात।' गोला तो दगाओ। हनुमान इसी अवसर के लिए सुतली वाला बम लाए थे जिसे दगाया गया। बड़ी तेज आवाज के साथ वह बम दगा, सबके कान सुन्न हो गए। उसके बाद बन्दूकों से तीन फायर भी किए गए। बारात ब्राह्मणों की थी, लेकिन उसका जलवा ठाकुरैतीवाला बन गया था। जब जेब में पैसा होता है तब सभी जाति के लोग ठाकुर बन जाते हैं। सब अपनी-अपनी बैलगाड़ियों पर बैठ गए थे। फिर पंडित जी ने शंख बजाया, इस प्रकार बारात ने प्रस्थान किया। एक ट्रैक्टर पर सारे परजा बैठ गए थे। उनके पास सब जेवर, कपड़ा, दहिंगल, बरायन, अइपनवारी, आदि सब सामान रख दिया गया था और सबको जिम्मेदारी समझा दी गई थी। वैसे छोटकऊ महराज सामान की सुरक्षा की दृष्टि से इसी ट्रैक्टर पर बैठ गए थे। हनुमान दादा शिवप्रसाद के साथ जीप में बैठ गए। जीप को विशेष रूप से सजाया गया था। ब्लाकवाले बीडियो साहब, पुलिस इंस्पेक्टर, हनुमान और फतेपुरवाले फूफा ये सब लोग एक साथ जीप पर बैठ गए थे। बारात के प्रस्थान करते ही गाजे-बाजे बजने लगे थे वो सब बारात के साथ जा रहे थे। अब घर में केवल औरतें ही बची थीं। घर के दरवाजे पर सब औरतें खुश होकर गालियाँ गा रही थीं। जो आदमी बारात में नहीं गए थे उन्हें देखकर एक औरत गाने लगी–

'सबै बरतिहा बरातै गए
ई साइकिलवाले भड़ुआ घर ही रहे
... ई दुकानवाले भड़ुआ घर ही रहे।'

इसी प्रकार सबको देख-देखकर गाने के बाद वे घर चली गईं। फिर जो घर की सबसे छोटी बहू लगती थी, उसने सभी स्त्रियों के घी-गुड़ लगाया और चरण स्पर्श किया।

फूलमती की प्रसन्नता का ठिकाना नहीं था। गेंदा बुआ मारे खुशी के फूली न समा रही थी। और चन्दावती सबके सेवा-सत्कार में जुटी थी। ऐसा मालूम होता था कि शिवप्रसाद उसी का बेटा हो।

गेंदा मोटी-मोटी वजनी पायल पहने हुए छमाछम करती इधर-उधर घूम रही थी। सन्ध्या हो गई थी। तभी गेंदा ने चन्दावती से कहा, 'भौजी अब तो नकटौरा का समय आ रहा है। 'मैं तो तैयार हूँ। सारी रस्में समय से विधिवत निभाई जाएँगी। 'भौजी तुम शिवप्रसाद के ससुर का रोल अदा करोगी और फूलमती भौजी-यदि छोटकऊ भाई का पार्ट करेंगी तो बहुत मजा आएगा। मुझसे जो भी कहोगी, बन जाऊँगी पर फूलमती भौजी से पूछ लो।'

'ठीक है।'

'लेकिन, छोटी तुम किसका पार्ट करोगी?'

'हम तो भाई, हनुमान दादा बनेंगी।'

अरे तब तो बहुत आनन्द आएगा। 'सबको तैयार करो। तुम सबको बता दो कि कौन किसका किरदार निभा रहा है। सबको तैयार भी तो होना पड़ेगा।'

तुम नकटौरा की तैयारी करो हम सबको तैयार करते हैं।

बहुत आनन्द आएगा।

गेंदा, हनुमान कम मैनेजर का पार्ट अधिक अदा करने लगी। आँगन में सभी स्त्रियाँ एकत्र हो गईं, फिर सबने मिलकर सब कुछ तय कर लिया। गाँव-भर की ख़ास-ख़ास औरतें नकटौरे में सम्मिलित होने के लिए आ गई थीं। पूरा-का-पूरा आँगन भर गया था। आँगन से मिले बरामदे को स्टेज के रूप में बनाया गया। इस नौटंकी में बड़ी उम्र की लड़कियाँ और शादीशुदा औरतें ही शामिल थीं।

लड़के व आदमी तथा छोटे बच्चे-बच्चियों को इसमें आने की मनाही थी। क्योंकि इस स्वाँग में स्त्रियाँ मर्दों की नक़ल उतारती हैं और उन्हीं मर्दों जैसी गन्दी-सन्दी हँसी मजाक करती हैं। सभी आदमी बरात में चले जाते हैं बस औरतें ही घर में रह जाती हैं। यह नकटौरे का तमाशा बरात के जाने वाली रात में होने वाला एक नाटक होता है, इसमें सब औरतें ही पार्ट अदा करती हैं और औरतें ही दर्शक भी होती हैं। इस तमाशे में सभी औरतें अपने मन की बातें खुलकर एक-दूसरे से कह लेती हैं। इसमें औरतें आदमी का भेष बनाकर उन्हीं की तरह आपस में गाली-गलौज, हँसी-मजाक करके रात बिताती हैं। यह सभी के लिए कौतुक होता है। सब प्रसन्नता का अनुभव करती हैं।

गेंदा ने हनुमान दादा का कुर्ता-धोती व टोपी पहन ली थी। वह हनुमान दादा की बहन थी इसलिए वह उनसे मिलती-जुलती लगती भी थी।

स्टेज भी तैयार हो गया था। पुरुषों का पार्ट अदा करने वाली सभी स्त्रियों ने पुरुषों के वस्त्र पहन लिये थे। अपने-अपने रोल के हिसाब से सभी ने मेकअप भी कर लिया था। आँगन में दो गैसबत्ती जलाकर आमने-सामने रख ली गई थी। फिर आगे का कार्यक्रम आरम्भ हो गया।

नकटौरा शुरू हुआ–'भैया छोटकऊ देखो द्वारचार का समय हो गया है।'

फूलमती छोटकऊ के रोल में बोली–

'हाँ दादा, अभी पता करता हूँ।'

'मिश्रा जी बहुत ढीले-ढाले हैं। अभी अइपनवारी (उबटन का सामान) भी तो नहीं आई।'

थोड़ा-सा हड़का दो, इस तरह काम-काज में हीला-हवाली ठीक नहीं लगती, ऐसे काम नहीं चलेगा।

अइपनवारी में नाई का रोल करने वाली स्त्री बोली 'महराज अइपनवारी ले आया हूँ।'

'चूतिया साले, इतनी देर कर दी अब द्वारचार कब होगा।'

'समधी सरकार, काम-काज में थोड़ी देर सवेर तो हो ही जाती है। माफ किया जाए, बस अइपनवारी जाए, उधर पालकी तैयार है, कहार लोग इन्तजार कर रहे हैं।'

मिश्रा जी ने पूछा है– 'नाश्ता-पानी सब ठीक-ठाक निबट गया है कोई कमी तो नहीं रही?'

'अरे, तुम्हारे मिश्रा जी बहुत ढीले-ढाले हैं, हनुमान दादा बहुत नाराज हैं। उनसे कहो कि भाँग-ठंडाई का प्रबन्ध करें, ब्राह्मणों की बारात में भाँग भी न हो तो फिर कैसा स्वागत।'

'ठीक है दादा, अभी कहे देता हूँ।'

नाई अइपनवारी लेकर चला गया। फिर वृद्ध पंडिताइन पंडित जी का पार्ट करने वाली, वह आगे बढ़कर बोली– 'हनुमान दादा, बुलाओ शिवप्रसाद को अब दुर्गा जनेऊ हो जाए।'

एक लड़की जिसने शिवप्रसाद का रोल किया था आगे आ गई, पूछने लगी, 'पंडित बाबा, पहले ये बताओ कि दुर्गा जनेऊ क्यों होता है?'

सभी स्त्रियाँ ताली बजाने लगीं। हाँ-हाँ बताइए पंडित जी, बताइए ये बात तो हमें भी नहीं पता है। पंडित बनी पंडिताइन ने बताया, कि शादी से पहले जब लड़के का जनेऊ होता है तो उसे तीन धागोंवाला एक जनेऊ पहनाया जाता है। उन तीनों धागों का मतलब होता है, माता-पिता और गुरु का आदर जीवन-भर करना है। सदा उनका कर्ज चुकाने का ध्यान मन में रखना है। इसी प्रकार जब ब्याह होता है तो उसे जनेऊ की जोड़ी पहनाई जाती है जिसका मतलब होता है कि लड़का अपनी पत्नी के भी माता-पिता और गुरु का आदर करने के लिए तैयार है। वह जीवन-भर अपने माता-पिता, गुरु की

भाँति अपनी पत्नी के भी माता-पिता तथा गुरु का सम्मान करेगा।

'गले में पड़ी जनेऊ की जोड़ी देखकर दूर से ही पता चल जाता है कि वह शादी-शुदा है। जनेऊ कन्या का भी होता है वह लड़कीवाले पंडित करते हैं।'

'वाह पंडित जी, आपने तो सारी शंका दूर कर दी। अब रस्म पूरी करो।'

इस नकटौरे में बीच-बीच में खूब हँसी-मजाक भी चल रहा था। धीरे-धीरे द्वारचार की तैयारी होने लगी। चार जवान स्त्रियाँ पालकी उठाने का नाटक करने लगीं। जैसे बारातियों पर गुलाब जल की फुहारें डाली जाती हैं वैसे बारातियों का स्वागत कन्या पक्षवाली स्त्रियाँ करने लगीं। आतिशबाजी जलाने का रोल मनिहारिन बनी स्त्री ने किया। एक कमरे से दूसरे कमरे में जाने के लिए दो लालटेनें पहले से जला ली गई थीं। क्योंकि गाँव में उस समय लाइट थी ही नहीं।

कोई स्त्री बोली, क्या चाची कोई बम-गोला दगा नहीं सब फुस्स-फुस्स होकर रह गए।

हनुमान की धोती की लाँग खोलकर देखो की कुछ बचा है की नहीं।

सभी स्त्रियाँ हँसने लगीं। आज सब अपने को स्वतन्त्र अनुभव कर रही थीं। वहाँ पर सब तरह की अच्छी-बुरी बातें होती रहीं।

मनिहारिन बोली, बम गोला की आवाज तो सब समधी की धोती में गायब हो गई।

सब फिर हँसने लगीं। अब समध्वार करने का समय हो गया था। लड़की के पिता का रोल चन्दावती कर रही थी, उसने आगे बढ़कर छोटकऊ बनी फूलमती के गले में स्वागतमाला पहनाई, माथे पर तिलक किया, फिर पान का पत्ता छाती में चिपकाकर गले मिलकर समध्वार की रस्म अदा की। पंडिताइन ने पहले अड़ोम-गड़ोम स्वाहा किया और फिर शंख बजाने लगी।

द्वारचार की रस्म आरम्भ हो गई थी, जो लड़कियाँ शिवप्रसाद की मित्र बनी थीं वह बरात में अक्सर किए जाने वाले नागिन टाइप डांस करने लगीं। अन्य स्त्रियाँ गाने लगीं—

ले जाएँगे, ले जाएँगे
दिलवाले दुल्हनिया ले जाएँगे।

नकटौरा अपने सुरूर पर पहुँच गया था। जैसा लड़की के विवाह में मंडप छाया जाता है वैसे ही सबकी नकल तैयार की गई थी। कुश व बाँस की खपच्ची बाँधकर सुन्दर मंडप बनाया गया था। फिर जतन से उसको चमकीली पन्नीवाली डोरी से सजाया गया था। बन्दनवार की डोरी बाँधी गई थी। सन की रस्सी को रँगकर अनेक प्रकार की गुड़िया-गुड्डे और खिलौने बनाकर बाँधे गए थे। जो लटकते हुए बड़े सुन्दर लग रहे थे। खम्भे से सटा कलश तो उसके नीचे पहले से ही रखा था।

कोई स्त्री बोली, 'दादा तुम्हारे समधी मिसिर महराज तो बहुत ही सुन्दर हैं, तो बराती बनी दूसरी बोली, 'अरे आगे से क्या देख रही हो हमें तो इनका पिछवाड़ा बहुत अच्छा लगता है।'

छोटकऊ बोले, 'क्या तुम्हीं लोग अगवाड़ा-पिछवाड़ा बाँट लोगे, 'कुछ हमारे लिए भी बचा दो।'

महराज तुम तो मिश्राइन के पास चले जाओ। वहाँ छाती मिलाकर समध्वार कर आओ।

फिर सब हँसने लगीं। इसी प्रकार खूब चुहलबाजी चलती रही। बारातियों के स्वागत के बाद प्रीति भोज हुआ। हनुमान बनी गेंदा कहने लगी–

'मिसिर जी, बारात का स्वागत भोजन आदि तो अच्छे से निपट गया, अब भाँवरों का ध्यान रखना। मुहूर्त के रहते ही भाँवरे होनी चाहिए।' 'सारा प्रबन्ध हो गया है दादा।'

रात में भाँवरों का समय आने पर दूल्हा-दुल्हन को पीढ़े पर बैठाया गया। लड़की को पीढ़े के पास लाया गया। संयोग से कुछ ऐसा हुआ कि लड़की को पीढ़े पर बैठाते समय उसके आवाज के साथ गैस निकल गई, जिसको सुनकर दूल्हा खिसिया गया और पीढ़े से उठ गया, पर अन्य सब स्त्रियाँ हँसने लगीं। कुछ तो बेतहाशा हँसे जा रही थीं। खिसियाया दूल्हा बोला–

'पदनी बिटिया पदना गाँव।
पदनी संग ना करब बिहाव।।'

सभी स्त्रियाँ दूल्हा बनी लड़की को समझाने लगीं कि ऐसा कहना ठीक नहीं है। परन्तु वह किसी प्रकार मानने को तैयार ही नहीं हुआ तो दुल्हन बनी लड़की ने दूल्हे को जवाब दिया–

'पदनी बिटिया पदना गाँव।
पदनी संग ना करो बिहाव
मिलै कहू जो निपद्दा गाँव
जाओ कन्त बियाहन जाव।'

अब लड़कीवालों की तरफ की सभी स्त्रियाँ ताली पीट-पीटकर हँसने लगीं तो लड़केवालों की भद्द पिट गई। फिर सबने दूल्हे को पकड़कर पीढ़े पर बैठा दिया। उस समय नकटौरा अपनी उठान पर था।

हनुमान दादा बोले –'सभी कार्य उचित समय पर होने चाहिए।'

कोई बोल उठा –'तुम क्यों परेशान हो दादा। मिसिर जी तो पहले से ही तेल-पानी लगाए बैठे हैं।'

फिर सब हँसने लगीं। अब धोबिन चाची बुलाई गई। सबसे पहले धोबिन चाची ने अपनी माँग में सिन्दूर भरा फिर अपनी माँग से लड़की के माथे में सिन्दूर लगाया। बाद में दूल्हा दुल्हन खम्भे के पास आकर अग्नि देवता की परिक्रमा करके भाँवरे लेने लगे। सात भाँवरे पड़ी और सातों वचन दोहराए गए। पंडित जी ने शंख बजाया फिर दोनों को अन्दर कुलदेवी की कोठरी में देवता के पास ले जाया गया। इस बीच गाना-बजाना

चालू रहा। स्वाँग और आगे बढ़ा। शिवप्रसाद की साली बनी दो लड़कियों ने उनके जूते चुरा लिये। अब वो ठगे गए, चालाक कौए की भाँति बेबस खड़ा हो गया।

कहने लगा–

'हमारे जूते कहाँ चले गए, यहीं पर तो रखे थे।' सरहज के रोल में एक स्त्री पूछने लगी। 'क्या, पहन के आए थे?'

फिर सबकी हँसी छूट गई। 'हाँ पहनकर आया था यहीं पर उतारा था।'

'कैसा जूता था, उस पर अपना नाम लिखा था कि नहीं?' मजे लेते हुए सलहज ने पूछा।

नहीं भौजी, नाम नहीं लिखा था बाटा कम्पनी के जूते थे।

'तो जब तुम्हारा नाम नहीं लिखा था तो तुम्हारे कैसे हो गए?'

फिर हँसी की लहर उठी। यह सब तमाशा देखकर छोटकऊ ने कहा–

'भाई हमारे लड़के को परेशान मत करो।'

'लड़का तुम्हारा ही है इसकी गारंटी कौन देगा। कहीं नाम लिखा है क्या? यह साबित करो कि तुम्हारा ही है। दुल्हन की मौसी बनी एक स्त्री ने पूछा?'

अब शिवप्रसाद व छोटकऊ दोनों निरुत्तर हो गए। हनुमान दादा कहने लगे, 'जिसको सुबूत चाहिए वह हमारे पास आ जाए, हमारे पास है सुबूत। दुल्हन की मौसी आगे आई और अपनी चोटी नचाकर कहने लगी–

'लाओ सुबूत, हमें चाहिए सुबूत, बिना सुबूत के हम अपनी बेटी तुम्हें कैसे दे दें।'

'हम तो बिना किसी सबूत के तुम्हारी बेटी को अपनी बहू बना रहे हैं। अब मान जाओ समधिन,' हनुमान ने कहा। 'ऐसे कैसे मान जाएँ। न कुछ दिया न कुछ लिया।'

'मान जाओ समधिन, नहीं तो हमारे साथ तुम भी दौलतपुर चलो वहाँ पर तुम्हें पक्का सबूत मिलेगा।'

'हमें तो यहीं चाहिए सुबूत।'

'तो अन्दर कोठरी में चलो दें सबूत।'

'जो भी दिखाना हो यहीं सबके सामने दिखाओ सब तुम्हारा सबूत देखेंगे। कैसा है?... कितना बड़ा है तुम्हारा सबूत। ...जो यहाँ नहीं दिखा सकते हो तो सबके सामने अपनी हार मान लो।'

हनुमान दादा थोड़ी देर सोचते रहे फिर बोले–

'अच्छा हमने अपनी हार मान ली। समधिन लाओ अब हमारे लड़के के जूते दे दो।'

'ऐसे कैसे जूते दे देंगे।'

'लो अच्छा ग्यारह रुपए नेग ले लो।'

'ग्यारह रुपए में जहाँ जूता मिले वहाँ से ले आओ।'

'तो क्या जूतों की कीमत चाहिए।'

'ये ग्यारह रुपए लपेटकर अपने पीछे वाली जेब में रख लो।...ग्यारह रुपया साली का नेग होता है?

'अरे समधिन, तो फिर तुम्हीं बता दो।'

सारी बातें हमीं बताएँ क्या, तुम क्या बिल्कुल अलोले हो?

'अरे हमने हार मान तो ली है।'

दूसरी स्त्रियाँ बोल उठीं बस करो रन्नो जब समधी ने हार मान ली है तो जाने दो। दुल्हन की मौसी-चाची बनी स्त्रियाँ प्रसन्न हो गईं। तब रन्नो ने कहा–

'जाओ दी माफी, अब ग्यारह सौ एक रुपया नेग दे दो, अब इसमें तुम्हारी पहलवानी नहीं चलेगी।' औरतों के चक्कर में बड़े-बड़े पहलवान भी मुँह के बल गिर जाते हैं। अब हनुमान दादा चुप हो गए थे। सभी स्त्रियाँ ताली बजा-बजाकर हँस रही थीं।

छोटकऊ ने तुरन्त ग्यारह सौ एक रुपया निकालकर दिया, तब शिवप्रसाद के जूते मिले, बस नेग देकर वे चुपचाप वहाँ से निकल लिये। अब नकटौरा आगे बढ़ा। सभी मस्ती में झूम रही थीं। दूसरे दिन कच्चा भोजन (भात) खाना होता है, तो पंडितों की बारात में अपना कुरता कमीज उतारकर आँगन में पीढ़े पर बैठकर भात खाते हैं। लड़कीवालों ने सबके पैर धोए, सब पाटे पर बैठ गए। सबके जनेऊ चमक रहे थे। काणा-पढोरा की दाल, दही फुलौरी, खरिका, रसाजै, मुंगौछा, पनौछा (फरा), पापड़, अचार आदि कई तरह की दाल-सब्जियाँ परोसी गईं। अनेकों नायाब व्यंजनों की खुशबू फैल रही थी। पत्तलों पर व दोनों में भोजन परोसा गया। एक-एक चावल अलग-अलग खूब बढ़िया शक्करचीनी चावल का भात पत्तलों में परोसा गया। देशी घी से भरा गेंडुवा लेकर समधी (कन्या के पिता) लड़के के बाप के पत्तल में देशी घी गिराने लगे। धीरे-धीरे जब घी पत्तल के बाहर निकलकर बहने लगा। तो उन्होंने हाथ हिलाकर मना किया। कन्या के पिता बोले, समधी जी! जो कुछ रूखा-सूखा बन पड़ा है उसे ग्रहण करने की कृपा करें। 'फूफा, जीजा आदि मान्य लोगों ने कच्चा भोजन करने के लिए अलग से दक्षिणा लिया। भोजन प्रारम्भ हुआ तो औरतें ढोलक लेकर गारी गाने लगीं–

'समधिन तोरी बहिनी बड़ी नमकीन।
एक-दो नहीं उसके दस-दस भतार।।
लड़के मारे सीटी वा गावे छिनार
समधिन तोरी बहिनी बड़ी नमकीन।'

अब बाराती बनी वर पक्ष की स्त्रियाँ दाँत पीसकर गुस्सा दिखा रही थीं तो कन्या पक्ष की स्त्रियाँ मुस्करा रही थीं। गारी भी गा रही थीं।

नकटौरे में अब रंगीनियाँ छा गई थीं क्या बेटी, क्या बहू, बड़ी बूढ़ी, सास, अजिया, ददिया सास सभी उस नकटौरे का आनन्द उठा रही थीं। भोजन समाप्त होते ही गारी भी बन्द हो गई। अब शाम को शिष्टाचार का समय हो गया था। फिर दोनों पक्ष के लोग

आमने-सामने बैठ गए थे। सबके चेहरों पर अनोखी प्रसन्नता झलक रही थी। सबने साफ-स्वच्छ, धराऊँ कपड़े पहन रखे थे। कोई परजा गुलाब जल छिड़कने लगा, तो कोई पान-इलायची ले आया, तो नाई ठाकुर ने सबके हाथों में इतर की फुलेरी दी, दोनों पक्षों के लोगों को गुलाब व गेंदे के फूलों की मालाएँ पहनाई गईं।

वर पक्ष की तरफ से पंडित जी-पयसा कमलं कमलेन पयः। पयसा कमलेन विभाति सरः। इसी प्रकार कुछ संस्कृत पढ़कर कन्या पक्षवालों से बोले–'अब आपका नम्बर है।'

कन्या पक्षवाले किसी काम में कम थोड़े ही थे। उनके पंडित ने पहले गीता के कुछ श्लोक पढ़े फिर रामायण का सुन्दर कांड पढ़ने लगे।

दोनों ओर से कविता वाचन होता रहा। रामफल दादा का पोता प्रदीप बहुत बातूनी लड़का था। सब लोगों ने उससे आग्रह किया कि कुछ सुनाओ, वह शुरू हो गया तो सभी लोग तन्मय होकर सुनने लगे। वह बोला–

'देखो इन चारों से सावधान रहना चाहिए। इनमें विष-तुल्य प्रभाव रहता है देखो विष कहाँ-कहाँ रहता है–

नाहर के नख में बसै, दन्ते बसै भुजंग,
बीछी की पूँछी बसै, विरहिन के सब अंग।

सभी स्त्रियाँ प्रसन्नता से झूमने लगीं। हनुमान बनी गेंदा ने उस प्रदीप बनी लड़की से कहा, वाह भइया कुछ और सुनाओ। प्रदीप तो तैयार ही थे फिर से चालू हो गए–

आमदनी कम, खर्चा ज्यादा।
यह लच्छन है मिट जाने का।।
ताकत कम औ गुस्सा ज्यादा।
यह लक्षण है पिट जाने का।।

फिर करतल ध्वनि होने लगी। सबकी माँग पर प्रदीप फिर से सुनाने लगे–

गादी खजुआती है तो चाँदी मिलति है कहूँ।
मानो यू सन्देसु है कुबेर सरकार का।।
भुजा फड़कै तो निश्चित यह जानि लेव।
मिलन जरूर होई भाई भइयाचार का।।
आँखि दाहिनी जो फड़कै तो जानि लेव।
प्रेमी सुधि कीन्हेसि आवा तार बिना तार का।।

अब तो प्रदीप बनी लड़की सभी के दिलों में छा गई थी। अब फिल्मी गीत होने लगे थे। प्रेम-मोहब्बत के गाने होने लगे थे। नयी लड़कियाँ तो पिक्चर के ही गाने लगी थीं। अब सभी हनुमान दादा के पीछे पड़ गई थीं। हनुमान बनी गेंदा को न मालूम कहाँ से हनुमान दादा की डायरी मिल गई, उसमें तमाम कविताएँ लिखी थीं। उसी में से एक कविता गेंदा बड़े सुर-ताल में गाकर सुनाने लगी–

चन्दावती, हो चन्दावती
धुकुर पुकुर होय लाग जियरा हमार, ओ चन्दावती।
जामुन औ आम सबै, अबकी बौरान हैं।
गाँव की बिटेवा सबै हो गई जवान हैं।।
कामे मा लागे ना जियरा हमार, हो चन्दावती।
जब ते तुम रूठी हम हुइ गएन अकेले,
हमरे जिउ के खातिर हैं बहुतै झमेले।
रोज राह देखत है जियरा हमार, हो चन्दावती
अब तो घर आय जाव, दउवा बीमार हैं,
मानौ बस दुइ दिन के अब वुइ मेहमान हैं
छिन-छिन पे भागे रे जियरा हमार, हो चन्दावती।

जब गेंदा ने पूरे मन से गाया तो सारी स्त्रियाँ चन्दावती की ओर देखने लगीं। उस समय गेंदा ने चन्दावती को लिपटा लिया तो एक स्त्री कहने लगी–

'हनुमान दादा पहलवानी करते हैं ये तो हमें पता है परन्तु वे कविता करते हैं यह मैं नहीं जानती थी।'

दूसरी बोली–'जिसके पास चन्दा जैसी पत्नी हो वह भला कविता क्यों न करे।'

नकटौरा (स्वाँग) आगे बढ़ा। इसी समय परात में हल्दी पड़ा हुआ रंगीन जल लाया गया, उसके दोनों ओर दूल्हा-दुल्हन को बिठाकर उसमें पड़ी हुई सोने की अँगूठी ढूँढ़ने को कहा गया। पहली बार दुल्हन के हाथ में वह अँगूठी आ गई। कन्या पक्ष की सभी स्त्रियाँ गाने लगीं–हमार बिटिया जीती, छिनार का लड़का हारा–वर पक्ष वाली कहने लगीं अभी कहाँ–आगे देखना, मेरा बेटा शरमा गया है।

दूसरी बार जब फिर अँगूठी परात में डाली गई तो फिर उसे दुल्हन ने ही ढूँढ़ लिया। फिर कन्या पक्ष की सभी स्त्रियाँ अपनी बेटी की बड़ाई करने लगीं। अब तो दूल्हा सचमुच में शरमा गया था।

अभी एक बार और परीक्षा ली जाएगी। उसके बाद गाना-बजाना होगा। नकटौरा बड़ी जोर-शोर से चल रहा था, अब तीसरी बार जब अँगूठी पानी में डाली गई तो अँगूठी फिर दुल्हन के हाथ में आ गई। पर अब उसे अपने पति के सम्मान का ध्यान आते ही उसने वह अँगूठी शिवप्रसाद के हाथ में पकड़ा दी। इस प्रकार शिवप्रसाद की जीत देखकर फिर सब स्त्रियाँ गाने लगीं।

हमार बेटवा जीता, छिनार की लड़की हारी। किसी को इस बात का पता भी न चल पाया कि पति-पत्नी के प्रेम और समझदारी की शुरुआत इस प्रकार हो गई थी।

नकटौरा के माने नकल, लेकिन यह केवल नकल नहीं थी इसमें पूरी नौटंकी थी। ढोलक की गमागम और मँजीरों की मधुर झंकार बड़ी सुहानी लगती थी। कच्चे-पक्के

रागवाली सुरीली, बेसुरी औरतों के गायन-वादन से सबका मनोरंजन हो रहा था। जब वो नाचती है तो महसूस होता है कि सचमुच धरती पर उजली चाँदनी बिखर रही है। वो नाचते-गाते न मालूम कितना काम कर डालती है। यह भी सच है कि जिस काम को औरतें खुलकर आत्मविश्वास के साथ करने लगती हैं तो फिर वे मर्दों के कान काट लेती हैं। इस तमाशे में सारी स्त्रियाँ ही थीं। इस खेल में दौलतपुर की पूरी जिन्दगी, खान-पान, रहन-सहन, भाषा, गीत-संगीत सबकी झलक दिख रही थी।

सवेरा हो गया। रात-भर का रतजगा अब समाप्त हो गया था। लेकिन सभी स्त्रियों के चेहरों पर अनोखी चमक दिख रही थी। किसी का चेहरा गुलाब जैसा खिला, किसी का गुलाबजामुन जैसा मीठा, किसी की रसीली आँखें तो किसी की कमरख जैसी नाक चमक रही थी, अर्थात सबकी अपनी खूबसूरती झलक रही थी। लेकिन नकटौरा का आख़िरी सीन आ गया था– अब तो बेटी की बिदाई की बेला आ गई थी–

सभी स्त्रियाँ दुल्हन बनी लड़की को लिपटा-लिपटाकर रोने लगीं। शिवप्रसाद बनी लड़की चुपचाप मुस्कुरा रही थी। थोड़ी देर में सब बिदाई के भावावेश में आ गईं। देखते-देखते सभी-की-सभी रोने लगीं। नकटौरे में असल-नकल का ध्यान न रहा। सब बेसुध हो रही थीं। नाटक और जीवन के रस की समाधि बनी ही थी कि इसी समय गाँव की बेवा कुन्ता बुआ विदाई के समय लड़की के सामने आ गई, बस गेंदा चिल्लाने लगी–

'बूढ़ी हो गई हो कुन्ता बुआ तुम्हें ज़रा भी तमीज नहीं जो बिदाई की शुभ बेला में मुँह उठाए सामने आ गई। तुम्हारे सब बाल पक गए लेकिन अक्ल जरा भी नहीं आई है, पता नहीं यह बात तुम्हारी समझ में कभी आएगी भी या नहीं। अब यहाँ से हट जाओ नहीं तो ढकेल दूँगी।'

थोड़ी देर तक सब सन्नाटे में खड़ी रहीं बिचारी कुन्ता बुआ सिटपिटाकर एक कोने में दुबककर खड़ी हो गई। फिर थोड़ी देर में गेंदा कहने लगी–

'बस करो, अब नकटौरा समाप्त हो गया, सबेरा हो गया है।

फूलमती कहने लगी, दिदिया अभी तो बाकी है।'

नकटौरा पूरा नहीं होता है। कुछ-न-कुछ तो रह ही जाता है अब अगले किसी के ब्याह में फिर पूरा करना।

चन्दावती कहने लगी, बहुत आनन्द आया, अब एक-दो देवी गीत गा लिया जाए, फिर सब अपने-अपने काम में लग जाना।

सभी देवी गीत गाने लगीं। चन्दावती ने उस दिन शिवप्रसाद को बहुत आशीर्वाद दिए। इस प्रकार नकटौरा की समाप्ति हुई और सचमुच चन्दावती के जीवन का नया प्रभात आरम्भ हो गया था।

•

चन्दावती का निष्कासन

कोई चन्दावती के कमरे का दरवाजा जोर-जोर से पीट रहा था। और जब उसकी आँख खुली तो सुना कि गालियों से उसका स्वागत हो रहा है। सूर्य देवता का आगमन हो चुका था।

'निकल बाहर कलमुँही! हनुमान दादा को खा गई निर्वंशी, निपूती, मनहूस कहीं की निकल जल्दी बाहर।'

चन्दावती ने अन्दर से पूछा ये कौन है?

'निकल बाहर कुलच्छनी।'

चन्दावती ने दरवाजा खोलकर बाहर देखा कि शिवप्रसाद खड़ा है– 'क्या हुआ बेटा? क्यों चिल्ला रहे हो?'

'चिल्ला नहीं रहा हूँ तुम्हें बता रहा हूँ कि अब सवेरा हो गया है। अब यहाँ से निकल लो, हमारा घर खाली करो।'

'तुम्हारा घर कैसे हो गया, तुम्हारे नाम कब लिखा गया? अभी घर के बड़े-बूढ़े ज़िन्दा हैं। बुलाओ अपने बाप को, बुलाओ फूलमती को उनसे बात करनी है।'

छोटकऊ खुद ही आगे बढ़ आए थे, बोले—'भौजी, कल हमने तुम्हें समझा दिया था, हम ज्यादा तमाशा खड़ा करना नहीं चाहते, अब जब हनुमान दादा नहीं रहे तो तुम्हारा यहाँ रहना ठीक नहीं है।'

'जिनके पति मर जाते हैं क्या उनको घर से भगा दिया जाता है।' यह कौन रीति है।'

तुम हनुमान दादा की रखैल थी, अब जब वही नहीं रहे– तो हमारा-तुम्हारा रिश्ता खत्म हो गया। हमारा घर खाली करो।'

'लगता है तुम भूल गए हो छोटकऊ, पहले से जो-जो निर्णय हो चुके हैं उनसे मुकरना ठीक नहीं है। अभी तो निर्णय सुनाने वाले जीवित हैं।'

'जाओ जहाँ जाना हो जाओ, जिसके पास जाना हो जाओ, हमारा घर पवित्र हो।'

'शिवप्रसाद आगे बढ़कर चन्दावती का हाथ पकड़कर कमरे से बाहर खींच लाया, फूलमती आँगन में खड़ी थी। शिवप्रसाद की पत्नी व घर की अन्य स्त्रियाँ चुपचाप सब तमाशा देख रही थीं। गेंदा इस समय घर में नहीं थी। शिवप्रसाद चन्दावती को आँगन से बाहर दरवाजे तक खींच ले गया। अब बेचारी चन्दावती के पास रोने, चिल्लाने के अतिरिक्त कोई चारा नहीं था। फूलमती ने दबी जबान से शिवप्रसाद को रोकने का

प्रयास किया लेकिन वह व्यर्थ गया। अचानक चन्दावती ने कहा भइया तनिक उनकी एक निशानी तो ले लेने दो।

'कौन निशानी?'

'भैया उनकी फोंटो तो ले लेने दो।'

छोटकऊ बोले –'ठीक है जो लेना है वो ले लो, जल्दी करो, बस हमारा घर पवित्र करो।'

चन्दावती कमरे से हनुमान दादा की एक फोटो लेकर बाहर आई, फिर शिवप्रसाद ने उसे धक्का देकर बाहर निकाल दिया और दरवाजा बन्द कर लिया।

दुर्भाग्य देखिए कि इस समय गेंदा घर में नहीं थी। हनुमान दादा के अतिरिक्त बस केवल गेंदा ही चन्दावती को ठीक समझती थी। अपनी बीमारी के कारण वो तेरहवीं में शरीक नहीं हो पाई थी। फालिस अटैक हुआ था गेंदा पर, तो वह चलने-फिरने में असमर्थ थी। दादा की मृत्यु की सूचना भी उसे चारपाई पर से उठा न सकी थी। कल तेरहवीं थी, कुछ मेहमान घर में बचे थे, पर वे सब चुपचाप तमाशा देखने के अलावा और कर भी क्या सकते थे। बाद में वे सब-दूसरे दरवाजे से अपने-अपने घर चले गए।

गाँव के अधिकांश घर सब एक-दूसरे से जुड़े होते हैं, एक घर की आवाज दूसरे घर में आसानी से सुनाई देती है। सबको सबके घरों के बारे में सब कुछ पता होता है। जब चिल्लाने की आवाजें होने लगीं तब अगल-बगल के सभी लोग घरों से बाहर निकल आए और यह तमाशा देखने लगे। ऐसे अवसरों पर छोटे बच्चे सबसे आगे घुसकर खड़े हो जाते हैं। मानो सारा निर्णय वही सुनाएँगे। देखते-ही-देखते अच्छी-खासी भीड़ एकत्र हो गई, पर कोई बीच-बचाव करने वाला नहीं था। यदि हनुमान दादा जीवित होते तो ऐसा नहीं होता। वो स्वयं तो मरकर स्वर्ग सिधार गए और नर्क भोगने को बेचारी चन्दा को छोड़ गए। कुछ औरतें चन्दावती के पास आकर उससे पूछने लगीं। बेवा कुन्ता बुआ ने पूछा– 'क्या हुआ चन्दा? चन्दावती फूट-फूटकर रोने लगी। कुन्ता ने उसे अपने सीने से चिपका लिया और बोली, चुप हो जाओ चन्दा। आखिर हुआ क्या... कुछ बताओ तो?

चन्दावती ने बताया– क्या बताएँ, आज हमको शिवप्रसाद ने घर से बाहर निकाल दिया।

'क्या बात हुई?'

चन्दावती ने अपने आँचल से आँसू पोंछकर कहा–

'कहते हैं कि दादा नहीं रहे तो अब इस घर में तुम्हारा क्या काम? तुम उनकी रखैल थी, अब निकलो हमारा घर पवित्र करो।'

'अरे तुम शिवप्रसाद की बातों में क्यों आ गई? लफ्फाज लड़के से क्या बात करती हो। छोटकऊ से बात करो। ... हम बात करेंगे। तुम चिन्ता न करो। अब पंचायती राज है। किसी की कोई ज़मींदारी नहीं रही। बहन मायावती का शासन है। जो बदमाशी

करेगा उसके ऊपर डंडा चलेगा।'

'क्या बताएँ बुआ, ये सब छोटकऊ के कहने पर ही हो रहा है।'

'छोटकऊ के कहने से हो रहा है। तो...'

'हाँ बुआ।'

'तो फिर क्या हो गया, चिन्ता न करो छोटकऊ हो चाहे बड़कऊ, अब थाने में सबके चूतड़ काट दिए जाएँगे। वो जमाने चले गए जब औरतें इस्तेमाल करके छोड़ दी जाती थीं। अभी तुम हमारे साथ चलो।'

कुन्ता ने सभी तमाशा देखने वालों को फटकारते हुए कहा–

यहाँ सब लोग मेला लगाकर खड़े-खड़े तमाशा देख रहे हो, बुलाओ कोई उस टोले में जाकर प्रधान जी को बुला लाओ।'

इसी बीच में किसी ने तेलियों के मोहल्ले में सूचना दे दी थी। शंकर लाठी लेकर आ गया। रजाना भी हँसिया लिये हुए शंकर के साथ थी। उनके साथ तेलियों के मोहल्ले के कुछ और लोग भी थे।

शंकर ने पूछा– 'क्या हुआ चन्दा?'

'भइया हमें घर से बेघर कर दिया गया, कल उनकी तेरहवीं थी, आज घर से हमारा निष्कासन हो गया।'

'ऐसे कैसे घर से निकाल दिया, छोटकऊ महाराज!...ओ छोटकऊ! ... घर से बाहर निकलो।'

'रहने दो भैया, अब थोड़ी जिन्दगी बची है, कहीं कट जाएगी।'–चन्दावती ने फिर अपने आँचल से आँसू पोंछते हुए कहा।

शंकर अपने बहन की यह दुर्दशा देखकर लाठी से छोटकऊ का दरवाजा पीटने लगे। शिवप्रसाद, छोटकऊ, फूलमती घर के सब छोटे-बड़े चुपचाप अन्दर बैठे थे। शंकर उस समय बड़े गुस्से में था। वह दरवाजा पीटता रहा, पहले तो छोटकऊ महराज कहकर आवाज दी पर जब कोई जवाब नहीं मिला तो वह चौखट पर बैठकर लाठी पटकने लगा।

'निकल साले, बाहर निकल, मेहरा साले, जीजा की आँख बन्द होते ही हमारी चन्दा को घर से निकाल दिया। बाहर निकल गड़िहा साले। ...खोल दरवाजा, क्या सुनाई नहीं दे रहा है। क्या बहरा हो गया है।...अरे, औरतों के पेटीकोट में घुसा बैठा है क्या...?'

शंकर गुस्से में इसी प्रकार बैठा गाली-गलौज करता रहा और अपनी लाठी से उनके दरवाजे पीटता रहा। धीरे-धीरे पूरा गाँव एकत्र हो गया। ब्राह्मण टोले के मिश्रा जी और तिवारी महाराज यह तमाशा दूर से ही देख रहे थे। रजाना उस समय बड़े गुस्से में थी। पहले तो उसने चन्दावती से पूछा –'क्या हुआ चन्दा?'

चन्दावती ने अपनी सारी व्यथा सुनाई। बस फिर वह गुस्से में पत्ते जैसी काँपने

लगी ...आवेश में कुछ नहीं सूझा तो अपने हँसिये से पास में ही लगा केले का पेड़ काटने लगी।

'हरा-भरा पेड़ न काटो भौजी?'

'जब इन्होंने तुम्हारी हरी-भरी जिन्दगी काटकर फेंक दी, तो हम इनका बिरवा क्यों न काटें?'

जब तक चन्दावती ने रजाना को समझाया, तब तक उसने हरा-भरा केले का वृक्ष काटकर गिरा दिया। अभी वह क्रोध के आवेश से रुकी न थी, आगे उसकी कुछ समझ में नहीं आया तो उसने नाद पर बँधी भैस के गले से रस्सी काट दी। भैंस इतनी भीड़ देखकर भड़क गई, फिर किसी ने हाँक दिया तो सीधे खेतों की ओर भाग गई। ...रजाना एकदम पगला गई थी। अब उसको कुछ लोगों ने पकड़ लिया था। दरवाजे पर तख्त पर बैठकर वह हँसिया पटक-पटककर चिल्लाने लगी–

'निकल साले शिवप्रसाद निकल, जिस हाथ से पकड़कर तूने चन्दा को बाहर निकाला है उस हाथ को मैं काटकर ही दम लूँगी। निकल गांडू कहीं का, असली मर्द हो तो निकल साले।'

सकटू, गनीमियाँ, मोलहे सब गाँव के अधिकांश लोग धीरे-धीरे वहाँ पर एकत्र हो गए थे। आपस में सब खुसुर-पुसुर चल रहा था।

गनीमियाँ कहने लगे– 'सकटू भाई ये तो ठीक नहीं हुआ।'

सकटू मुस्कुराने लगे, बोले– 'हम कब कहते हैं कि अच्छा हुआ?'

'दौलतपुर में तो ऐसी रीति कभी नहीं रही।'

इसमें रीति-रिवाज की कौन-सी बात, पहले जो हुआ था,

'पहले क्या हुआ था?'

'तुम यार गनीमियाँ एकदम लल्लू हो, तुम अपनी लकड़ी छीलो, रन्दा तुम अच्छा चला लेते हो तुम ब्राह्मणों की रीति-रिवाज क्या जानोगे...

'क्यों सकटू भाई? हम क्या दूसरे गाँव से आए हैं?'

'पहले जब विधवा चन्दा ने हनुमान दादा से ब्याह किया था तो क्या वह रीति थी कि तेलिन संग ब्राह्मण का ब्याह कहीं सुना है?'

'हमने तो सुना है, हनुमान दादा चन्दावती से अपने रिश्ते के लिए खुद उनके घर चलकर गए थे।'

'तब बात दूसरी थी, तब हनुमान दादा जो कह देते थे वही होता था। सब उनकी बात मानते थे, उनका रूतबा था। अब जब वो नहीं रहे तो उनकी रखैल को घर में कौन रखेगा।'

'क्या सकटू भाई?...उन दोनों का तो बाकायदे ब्याह हुआ था तो चन्दावती रखैल कैसे भयी।'

'तो जाओ तुम्हीं फैसला करवा दो।'

'अरे हम फैसला क्या करेंगे, ...लेकिन ये बात तो ठीक नहीं है।'

'तुमसे जब सलाह माँगी जाए तब बताना।'

'हम तो छोटकऊ महराज के साथ हैं।'

'क्या कह रहे हो, तुम तो हमेशा हनुमान दादा के साथ उठते-बैठते थे।'

'तो क्या हो गया? वो मर गए तो क्या हम भी स्वर्ग सिधार जाएँ? जिसके पास हर प्रकार की ताकत हो, धन-दौलत हो उसी के साथ रहने में लाभ होता है। पर तुम इन बातों को नहीं समझ पाओगे, गनी भाई। तुम तो प्रधान जी के साथी हो?'

'हाँ भाई, हम तो सही आदमी के साथ हैं। हमें तो खुदा के घर जाना है।'

सबलोग इधर-उधर खड़े होकर इसी प्रकार की बातें कर रहे थे। थोड़ी देर में एक लड़का प्रधान जी के घर से वापस आया तो उसने कुन्ता को बताया–

'अभी प्रधान जी घर में नहीं हैं, वो लखनऊ गए हैं।'

'कब तक आएँगे। कुछ पता चला?'

'प्रधानिन कह रही थी कि वो कल आएँगे।'

'ठीक है चन्दावती तुम अभी हमारे साथ चलो, ए शंकर! तुम भी चलो, चलो रजाना, बस बहुत हो गया। भगमच्छर (कलह) से कुछ भी हासिल नहीं होगा। कल रामफल दादा आ जाएँगे तो उनसे बात की जाएगी। बस अभी तो सब लोग यहाँ से चलो।'

कुन्ता बुआ की बात सुनकर धीरे-धीरे सब शान्तिपूर्वक अपने-अपने घर की ओर चल पड़े। कुन्ता बुआ ने रजाना को पकड़ लिया, उसके हाथ में हँसिया था, उन्होंने धीरे से वह हँसिया उसके हाथ से छीन लिया था। और फिर उन्होंने रजाना को डाँटते हुए कहा– 'ये क्या कर रही थी। इससे कुछ नहीं होने वाला।'

'बुआ नासपीटे कहीं बाहर मिल जाते एक आध को काटकर फेंक देती।'

'फिर क्या होता?'

'फिर क्या, जो होता सो हो जाता? इस प्रकार कोई करता है क्या? हमारी चन्दा को घर से निकाल दिया, जो हनुमान दादा कह गए थे उसकी तो कोई शर्म नहीं की इन लोगों ने। अभी कल ही तो तेरहवीं हुई और आज घर से निकालकर ये तमाशा खड़ा कर दिया। अरे तनिक उस मेहरा छोटकऊ को घर से निकलने तो दो।'

'बस..., अब चुप हो जाओ और हमारे साथ चलो।'

'चलो चन्दा, हमारे साथ चलो।'

'भौजी तुम जाओ। कुन्ता बुआ! तुम भी जाओ, मैं यहाँ से कहीं नहीं जाऊँगी।'

'ऐसा ना कहो चन्दा! जब तक फैसला न होगा तब तक यहाँ कैसे रह सकती हो?'

'चिन्ता न करो बस इसी तख़्त पर पड़ी रहूँगी।'

शंकर बोले–'क्या कहती हो चन्दा! अभी हम ज़िन्दा हैं।'

'वो बात नहीं है दद्दा!...बाकी ये देहरी छोड़ के नहीं जाऊँगी। ...कोई फैसला हो जाएगा तब देखा जाएगा।...नहीं तो यहीं अपनी जान दे दूँगी।'

कुन्ता बोली– 'ठीक है चन्दा! अगर यही बात है तो यही सही। मैं भी तुम्हारे साथ रहूँगी।'

रजाना ने कहा–'...यहाँ इस खुले मैदान में तखत पर...कब तक फैसला का इन्तज़ार करोगी...?'

'जब तक फैसला नहीं होता मैं यहीं इसी अखाड़े के पास पड़ी रहूँगी।'

जब हनुमान दादा पहलवानी करते थे तब कुश्ती लड़ने, दाँव सीखने-सिखाने के लिए दरवाजे के पास ही नीम के नीचे एक अखाड़ा खुदवाया था। उनके कुछ चेले भी थे। लेकिन अब इस परिस्थिति में चन्दावती का यहाँ अकेले पड़े रहना सही नहीं था।

कुन्ता बुआ ने समझाया– 'ठीक है– चन्दा जो चाहती है उसे करने दो। ...लेकिन मेरी एक सलाह सुन लो कि– यहाँ दुश्मन के दरवाजे चन्दा को नहीं रहने देंगे। अब पहले घर चलो चन्दा!, ये लड़ाई थोड़ी देर की नहीं है। निर्णय होने में समय लगेगा। घर चलकर मुँह-हाथ धो लो और कुछ खा-पी लो फिर शान्तिपूर्वक विचार करना।'

'यहाँ अकेले बैठने से यदि कुछ ऊँच-नीच हो जाएगा तो हम क्या करेंगे।'–शंकर ने कहा।

कुन्ता बोली– 'ये बात ठीक है। चन्दा चलो, तुम्हारे भइया ठीक कहते हैं।'

चन्दावती के आँसू अब धीरे-धीरे सूखने लगे थे। अब उसको कुन्ता बुआ, रजाना भाभी और शंकर जैसे भाई का साथ मिल गया था। चन्दावती अपने हाथ में वही हनुमान दादा की फोटो लेकर उनके साथ चल पड़ी। सब लोग धीरे-धीरे शंकर के दरवाजे पर पहुँच गए। छप्पर के नीचे तख़्त पर सभी जमकर बैठ गए। कुछ लोग देहरी के दोनों तरफ बने चबूतरों पर भी बैठ गए। रजाना, कुन्ता और चन्दावती तीनों घर के अन्दर चली गईं। लेकिन गाँव के कुछ लोग बाहर जमकर बैठ गए थे। आदमियों में अधिकतर तमाशबीन लोग थे। ऐसे मौके पर तमाशबीनों की बहुत मौज होती है। और वही सब तमाशा देखने वाले वहाँ पर एकत्र हो गए थे। बस अब वो सब अपनी राय देने लगे थे। कोई कहने लगा–

'न हो तो चलो थाने चला जाए?'

तो दूसरा बोला–'नरसिंह भगवान की कुटी पर चलो। जटायु बाबा की समाधि पर छोटकऊ को ले चला जाए वहाँ पर उन्हें कसम खिलाई जाए।'

गनीमियाँ सबके बीच में बैठे थे। बोले पहले प्रधान जी से पूछ लो, रामफल भाई कल लखनऊ से आ जाएँगे। उनकी राय ले लो। फिर जो जी में आए करना।'

सकटू ने कहा–'इसमें रामफल दादा क्या करेंगे? उन्होंने ही तो ये फैसला किया था।'

'फिर क्या होना चाहिए...?' शंकर ने पूछा।

भाई हमारी राय यही है कि सीधे थाने चले जाओ, तब तक चन्दावती को अपने घर में ही रहने दो। अब जब हनुमान दादा नहीं रहे तो उनके घर में दुश्मनों के साथ रहने से चन्दावती को क्या लाभ?'

क्या कहते हो सकटू। हमारी चन्दा शुक्ल खानदान की आधी जमीन-जायदाद की हकदार है। इतना कानून तो हम भी जानते हैं। जो कुछ हनुमान दादा का था वो सब हमारी चन्दा के नाम होना ही चाहिए।

सभी लोग बोल पड़े,-'बिल्कुल होना चाहिए।'अब बहन जी का राज है कानून के हिसाब से सभी को चलना पड़ेगा।'

इस भीड़ में कोई ब्राह्मण नहीं था। क्योंकि कोई भी छोटकऊ से बुराई नहीं लेना चाहता था। शिवप्रसाद और छोटकऊ ने अपने मोहल्लेवालों को पहले ही समझा दिया था। गाँव के सब ब्राह्मण अपने काम के बहाने न मालूम कहाँ गायब हो गए थे। हाँ शिवप्रसाद के जासूस इस भीड़ में जरूर शामिल थे जो मोबाइल से सारी खबरें उन्हें पहुँचाते रहे। यह सब उनकी सोची-समझी चाल थी। असली मुद्दा तो पचास बीघा खेती थी। किसी को चन्दावती के दुःख-दर्द से ज्यादा मतलब न था।

सकटू कहने लगे, 'भैया शंकर अब चन्दावती की कितनी बची है। अरे, जमीन के हक के चक्कर में क्यों दुश्मनी मोल ले रहे हो। उनके आगे-पीछे तो कोई है भी नहीं।'

'आगे-पीछे न हो तो औरतों को घर से निकाल दिया जाए। तुम्हारी बहन-बेटी के साथ यदि ऐसा व्यवहार होता तो तुम क्या करते उसके हक़ के लिए?'

फिर सकटू चुप हो गए। इसी प्रकार शंकर के दरवाजे पर छप्पर के नीचे चकल्लस लगा रहा। फिर धीरे-धीरे एक-एक करके सब अपने-अपने घर चले गए। चन्दावती नहा-धोकर तैयार हो गई थी। रजाना की बेटी उसके लिए चाय बनाकर लाई और बोली, 'बुआ चाय पी लो।'

'नहीं बेटी, कुछ पीने-खाने का मन नहीं है'– चन्दावती ने कहा।

रजाना कहने लगी, क्या हुआ चन्दा, सबेरे से न कुछ खाया है न पिया है, ऐसे कैसे चलेगा?

कुन्ता बोली– ऐसे समय में खाना-पीना न छोड़ना, ...शरीर कमजोर हो जाएगा तो फिर लड़ोगी कैसे... अपनी लड़ाई?

रजाना की आँखों से आँसू टपकने लगे तो कुन्ता ने पूछा– अब तुम्हें क्या हो गया?

'कुछ भी नहीं बुआ, हम तो यह सोच रही थी कि आज इतने दिन बाद चन्दा हमारे घर आई तो इस हाल में, घर से निकाले जाने के बाद।'

'दुःख, तकलीफ में जो साथ देता है वही सच्चा रिश्तेदार है बाकी सब तमाशबीन होते हैं जिनसे किसी प्रकार का लाभ नहीं होता।' पूरा गाँव ऐसे मतलबी लोगों से भरा पड़ा है'। –कुन्ता ने कहा।

कुन्ता और चन्दावती बातें करती रहीं, रजाना रसोई में चली गई थी। चन्दावती थोड़ी-थोड़ी देर में कुछ खोई-खोई-सी लगने लगती थी। वह बस हनुमान दादा की फोटो अपने आँचल से पोंछती और उसी को टकटकी लगाकर देखने लगती। इस फोटो में हनुमान दादा बहुत जमते थे। पहलवानी वाली देह, गर्वीली मूँछ, चौड़ी छाती और बड़ी-बड़ी आँखें। चन्दावती को फिर वह रामलीला वाला वह सीताहरण वाला सीन याद आ गया, जब रावण के रोल में हनुमान दादा उससे कहते थे–

चलो सीता लंका चलो, तुम्हें पटरानी बनाएँगे, हमारे महल की दीवारें तक सोने की हैं तुमको कोई कष्ट न होगा।...

इस सीन में सीता बनी चन्दावती नहीं नहीं कहती थी, परन्तु रावण बने दादा उसे गोद में उठाकर चल देते थे। उस समय उनकी गोदी में उसको बहुत अच्छा लगता था। उसे लगता था कि मानो वह ज्वार के खेत में बने मचान पर चढ़ गई है और सातो आसमान उसकी मुठ्ठी में समा गए हैं। उस रोल की याद आते ही आज फिर उसका पूरा शरीर रोमांचित हो गया था। उसे एक प्रकार की गुदगुदी महसूस होने लगी थी। राम का रोल जो मरियल-सा लड़का करता था उसकी तरफ चन्दावती का कभी ध्यान ही नहीं गया था।

'क्या सोचने लगी चन्दा?'–कुन्ता ने पूछा।

'अब तो बस उनकी यादें रह गई हैं, चलो चलें।'

'कहाँ चलें?'

'बुआ हम अपने घर जाएँगे।'

'घर में तुम्हें कौन घुसने देगा?'

'घर न सही दरवाजे पर तो बैठेंगे। जब तक फैसला नहीं हो जाएगा वहीं उनके अखाड़े पर रहूँगी।'

'मान लो फैसला होने में चार दिन लग गए तो...'

'तो क्या हुआ, हम इन्तजार करेंगे।'

'अकेले तुम्हारा वहाँ बैठना ठीक नहीं है।'

'हमारी चिन्ता न करो ...अकेली अशोक वाटिका में बैठ चुकी हूँ।'

'वह रामलीला थी यह असल जिन्दगी है।'

'तो क्या हुआ, अब हमारे आगे-पीछे कोई रोने-गाने वाला तो है नहीं।'

चन्दा, अकेले अनशन करने से क्या छोटकऊ और शिवप्रसाद तुम्हें तुम्हारा अधिकार दे देंगे।'

'बुआ जिस चौखट पर हमारे जीवन के तीस वर्ष सुखपूर्वक बीते हैं, उसी चौखट पर जो कष्ट होगा वो भी सहन करूँगी। वहीं डटकर लड़ाई करूँगी। मरते समय वह हमसे कह गए थे–अपनी चौखट छोड़कर न जाना। यदि लड़ना पड़े तो मुकाबला करना, तुम

कमजोर नहीं हो, कमजोरी तो हमारे अन्दर है। हम तुम्हें माँ नहीं बना पाए। हमारे बाद हमारे सारे अधिकार तुम्हारे पास रहेंगे।'

'ये सब कह गए थे हनुमान दादा।'

'हाँ बुआ।'

'अपनी कमजोरी मान लेने से क्या होता है, तुम्हारा जीवन तो नष्ट कर गया दाढ़ीजार।'

'हमारा जीवन तो पहले ही नष्ट हो गया था। भौजी, इनके साथ तो बस औलाद का सुख छोड़कर बाकी कोई भी तकलीफ नहीं रही।' 'सच पूछो तो विधवा तो मैं तीस वर्ष पहले ही हो गई थी। आज गाँव व आस-पास के क्षेत्र में सब हमारा सम्मान करते हैं।'

'तुम बहुत बेवकूफ हो।'

'क्यों'

'अबके जमाने में सम्मान पैसे से होता है।'

'तो उनके कोई कमी तो नहीं थी।'

'वो तो चले गए, कोई कागज है उनके हाथ का लिखा, कुन्ता ने असली बात पूछी।'

'कागज तो जरूर होगा, शायद सुमेरपुर के बैंक लाकर में रखा होगा।'

'उसकी एक चाभी तुम्हारे पास होनी चाहिए।'

'चाभी घर में अलमारी में रखी है। अरे पैसा-रुपया, कपड़ा, जेवर, मोबाइल फोन सभी कुछ तो घर में ही धरा है, हो सकता है यह सब साफ करने के लिए ही यह चाल चली गई है।

'तो अब क्या करना चाहती हो।'

'अपने दरवाजे के तख्त पर बैठकर अनशन करूँगी।'

'अभी अनशन करने से क्या होगा? चन्दा।'

'ये तो नहीं मालूम, लेकिन अपनी देहरी (चौखट) नहीं छोड़ना चाहती हूँ।'

हर कीमत पर वही रहूँगी। ज्यादा-से-ज्यादा हमें मार डालेंगे तो भी हमारी मुक्ति हो जाएगी, लेकिन बिना लड़े... अपना हक़ कैसे छोड़ दें?'

बात तो तुम्हारी ठीक है परन्तु जान-बूझकर अकेले मौत के मुँह में कूद जाना तो अक्लमन्दी नहीं है'– कुन्ता ने कहा।

'तो हम अपनी लड़ाई में और किसे घसीट लें। दूसरा कोई क्यों जूझे हमारे साथ, आखिर है तो यह मेरी निजी लड़ाई।'

'यह बात नहीं है, यह केवल तुम्हारी ही लड़ाई नहीं है। कायदे से देखा जाए तो यह हम सब औरत जाति की लड़ाई है।'

'यह बात तो ठीक है लेकिन मैं नहीं चाहती हूँ कि हमारे लिए कोई दूसरा भी झंझट में फँस जाए।'

'ऐसा मत कहो चन्दावती। हम तुमसे अलग नहीं हैं। मैं भी तुम्हारी तरह विधवा हूँ। यह तो सब स्त्रियों की लड़ाई है। देखो जो हमारी सहेली है और जो तुम्हारी सहेली है सबको साथ मिलकर लड़ना पड़ेगा। सभी साथ देंगी लेकिन उन्हें थोड़ा समझाना पड़ेगा।'

'ऐसे कैसे दूसरी औरतें?'...चन्दावती ने पूछा।

'जैसे सब सहेली मिलके रामलीला देखने जाती हैं, जैसे नौटंकी देखने जाती हैं। वैसे ही धरना देंगी।'

'वह बात दूसरी है; अपने आदमी के सामने खड़े होने की ताकत अभी इनमें नहीं है।'

औरत में बहुत ताकत होती है बस उसे इस्तेमाल करने का तरीका सही से मालूम होना चाहिए। थोड़ा जागरूक करने की आवश्यकता है।'

'इतना आसान काम नहीं है। औरत अपने पति की गुलाम है फिर उसके ऊपर जाति-बिरादरी की गुलामी है फिर रीति-रिवाज फिर गाँव-देश की शर्मिन्दगी की ठेकेदारी–यह सारे बन्धन उसी के लिए तो बनाए गए हैं।'

'सारे खेत एक ही घंटे में एक ही साथ नहीं निराये जा सकते।'

'क्या मतलब?'

'मतलब ये है कि सारी लड़ाई एक ही दिन में नहीं निपटाई जा सकती है। धीरे-धीरे ही यह गुलामी दूर होगी।'

इसी बीच रजाना आलू के पराठे बना लाई। कुन्ता को उसकी महक पहले से ही पता चल गई थी। कुन्ता तो एक ही टाइम खाना खाती थी। एक पहर कुछ नाश्ता-पानी कर लेती थी। कुन्ता बुआ ने अपने घर में दुकान खोल ली थी जिसमें बीड़ी, सिगरेट, गुटखा, खट्टी-मीठी गोलियाँ, पेन-पेंसिल, महावारी वाले पैड, सर्दी-जुकाम की गोली, आदि बस इसी तरह की चीजें मिल जाती थीं। गाँव की दुकानदारी आधी से ज्यादा उधार पर चलती थी। कुन्ता की दुकान में पेपर आता था, टेलीफोन भी लगा था। फोन करने वाले तो रात-दिन उसे चैन नहीं लेने देते थे। रिचार्ज कूपन उसकी दुकान पर मिलने लगे थे। शंकर की मँझली लड़की दुकान चलाने में कुन्ता की सहायता करती थी। गाँव में तमाम फोन थे। कुन्ता अपनी कमीज की जेब में अपना मोबाइल रखे रहती थी। बिजली के कनेक्शन अधिकांश घरों में थे, मगर बिजली आती बहुत कम थी। गाँव की भीड़ में भी कुन्ता अकेली थी, पर बहुत खुश थी। यादव परिवार में जन्म लिया था। गाँव में चार बीघा खेती भी थी लेकिन वो जमीन भी बेचकर भाई तो बीस वर्ष पहले ही लखनऊ चला गया था। जाते समय वह कुन्ता को पाँच सौ रुपए और दो कमरों का कच्चा-पक्का घर दे गया था। उन्हीं पैसों से कुन्ता बुआ ने अपनी दुकान की शुरुआत की थी। अकेली जान थी कोई ज्यादा खर्च भी नहीं था। एक टाइम खाना बना-खा लेती

थी। उनके घर में एक कुत्ता पला था जिसका नाम मोती रखा था। काले रंग का कुत्ता था उसके माथे पर सफेद टीका भी बना था। वह कुत्ता बड़ा तेज व फुर्तीला था। वह कुन्ता बुआ का बहुत ध्यान रखता था। कुत्ता आदमी से ज्यादा वफादार होता है। मोती भी ऐसा ही था। कुन्ता अपने-आप में बहुत खुश रहती थी। गाँव में कोई कुन्ता बुआ, तो कोई कुन्ता दादी कहकर बुलाता था। वह उम्र में चन्दावती से बड़ी थी। चन्दावती उनकी बहुत इज्जत करती थी। उस समय मोती भी वहाँ आ गया था तो ललचाई नजरों से कभी पराठे को और कभी रजाना की ओर देखने लगता था। रजाना कुन्ता की तरफ पराठा बढ़ाती हुई बोली–'लो बुआ खाओ और हमारी चन्दावती को भी खिलाओ।'

'रजाना! हम तो खाएँगी नहीं क्योंकि हम एक वक्त खाना खाती हैं। लो चन्दावती तुम खाओ और हमारे मोती को भी खिला दो।'

'मैं तो सोचती हूँ कि अपने दरवाजे पर तख्त पर बैठकर अनशन करूँ।'-चन्दावती ने कहा।

'पहले खाना खा लो।'–कुन्ता ने समझाया।

'फिर अनशन कैसे होगा?'

'अनशन के बजाए धरना देना ज्यादा ठीक रहेगा। हमारा मतलब है कि बिना लाठी-डंडा की लड़ाई।'

'हाँ बुआ।'

'तो क्या यह लड़ाई भूखे पेट लड़ना चाहती हो?'

'हाँ, हम तो सोचती हैं कि भूखे पेट अनशन पर बैठें।'

'यह बेवकूफी कभी न करना। भूखे-प्यासे बैठकर दया की भीख नहीं माँगनी है। तुम समर्थ हो, खा-पीकर चैतन्य होकर धरने पर बैठो। तुम्हारे साथ हमारी और सहेलियाँ बैठेंगी। मगर ये भूखे पेट धरने पर बैठने का विचार त्याग दो। क्योंकि सभी स्त्रियाँ घर के काम-काज निपटाने के बाद उनके पास जो समय बचेगा उसमें वह तुम्हारे साथ बैठेंगी। खाना-पानी छोड़कर बैठना न तुम्हारे बस का है न दूसरों के लिए। गाँधी बाबा ने जो अहिंसा वाला मार्ग बताया है तुम्हारे इस मामले में उससे ज्यादा अच्छा परिणाम निकलेगा।'

'अनशन न सही धरने पर बैठ जाऊँगी लेकिन अभी भूख नहीं है।'

'कुछ खा जरूर लो चन्दा। कुन्ता बुआ सही कह रही हैं। खाना शुरू करोगी तो खा लोगी।' इस प्रकार कहते-कहते रजाना ने चन्दा को पराठे का एक कौर खिला दिया। जैसे-तैसे चन्दावती ने एक पराठा खाया और धरने के लिए तैयार हो गई।

शंकर की तीनों लड़कियाँ अब बड़ी हो गई थीं। बड़ी मीना प्राइमरी स्कूल में शिक्षिका थी, दूसरी मीरा ने सिलाई-कढ़ाई सीखी थी। कुन्ता बुआ की दूकान वही चलाती थी और तीसरी ममता गाँव की पाठशाला में शिक्षा मित्र बन गई थी। लड़का राजेश

सुमेरपुर में पान की दूकान चलाने लगा था। वह दूसरे-तीसरे दिन घर आता था। आज वह और उसकी पत्नी दोनों घर में ही थे। राजेश बोला–

बुआ, बस एक बार हुकुम करो– तो हम शिवप्रसाद के हाथ-पाँव तोड़कर रख दें। वो चौपाई जो फूफा सुनाते थे– 'क्रोधिहि सम कामिहि हरि कथा। ऊसर बीज बये फल जथा।।– तो वह सही ही कहते थे। यह समझ लो बुआ कि शिवकुमार के दिमाग में एक गँवार (जड़ बुद्धि) ब्राह्मण घुसा है। जब तक उसको जी भर के तोड़ा नहीं जाएगा वह मानने वाला नहीं।'

'नहीं बेटा! हम धरना पर बैठने जा रही हैं। मारपीट से समस्या का हल नहीं निकलेगा। आखिर शिवप्रसाद है तो मेरा भतीजा ही और तुम्हारा फुफेरा भाई। वो हमें यही समझाते थे कि सबकी राय-सलाह से सब काम करना चाहिए। मारपीट से किसी समस्या का हल नहीं निकलता है। वह तो गाँधीवादी थे। हमें तो यह लड़ाई जीतनी है, अपनी ताकत का दूसरी तरह से इस्तेमाल करना है।'

'दूसरी तरह कैसे?'

'शान्ति से, गाँव की सब औरतों को एकत्र करके घर के सामने धरना देना है। वहाँ ढोल मँजीरा बजेगा, देवीगीत व भजन होंगे। बीच-बीच में नारेबाजी होगी। देवी दल बनेगा। फिर उसकी ताकत देखोगे तब समझ में आएगा।'

'यह देवी दल क्या है?'

'देवी दल नहीं जानते हो? कैसे जानोगे... आखिर हो तो तुम मर्द जाति! बेटा, दुनिया-भर की स्त्रियाँ हमारे लिए देवी हैं। वो पूरे जीवन-भर मर्दों को कुछ-न-कुछ दिया ही करती हैं। जितना मर्द उनको देता है उससे हजार गुना वे उनको वापस लौटा देती हैं। वो पुरुष को जन्म देती हैं और हरामजादा पुरुष उसी को बेइज्जत करता है। वह उसी को भरे बाजार नंगा करना चाहता है। वही माँ-बेटी के नाम पर गालियाँ देता है। अब जमाना बदल गया है, हमारे देश की राष्ट्रपति प्रतिभा देवी पाटिल भी रह चुकी हैं। जब मैं रामलीला में सीता का पार्ट करती थी तब देवी महिमा का उपदेश सुने थे। अब सोचती हूँ कि देवी दल का गठन करने का समय आ गया है।'

'तो क्या इसमें केवल औरतें ही शामिल होंगी?'

'हाँ बेटा।'

तो क्या इस दल में मीना, मीरा, ममता लोग भी सम्मिलित हो सकती हैं।'

'क्यों नहीं, यह सब तो पढ़ी-लिखी हैं। हमें तो इसी तरह युवा मानसिकता वाली, नयी सोच की लड़कियाँ चाहिए।'

'वाह बुआ, क्या तरकीब निकाली है?'

'इस प्रकार की बहस तुम्हारे हनुमान दादा से खूब होती थी। वह भी औरतों के लिए सोचते थे। रामलीला में वह पार्ट तो रावण का करते थे परन्तु सचमुच में वह

असली वाले राम से कौड़ी भर भी कम नहीं थे। गाँव की औरतें आगे बढ़ें, उन्नति करें यह इच्छा उनकी भी थी।'

'ठीक है बुआ, जब हमारी कोई जरूरत हो तो हमको बता देना। सुमेरपुर थाने से लेकर लखनऊ तक जहाँ भी बताओगी वहीं पर मिलेंगे। बस फोन जरूर कर देना। तब तक ये लड़कियाँ और अम्मा तुम्हारे साथ रहेंगी। बीच-बीच में हम भी हाल चाल लेते रहेंगे।'

'चिन्ता न करो बेटा, तुम अपना काम देखो, सुमेरपुर में जो काम होंगे उनमें तुम्हारी जरूरत पड़ेगी।'

'हमें मौजूद पाओगी, बिल्कुल निश्चिन्त रहो।'

'ठीक है बेटा, तुम अपनी दुकान सँभालो, जब जरूरत होगी, तब बता दूँगी।'

राजेश सुमेरपुर चला गया।

'यहाँ चन्दावती और कुन्ता बुआ के साथ लगभग बीस औरतें हनुमान दादा के अखाड़े के पास अपनी-अपनी चादरें बिछाकर बैठ गईं, तख़्त पर दुर्गा माता की एक फोटो के साथ हनुमान दादा की भी फोटो रख दी गई। शंकर ने दो बाल्टी पानी और एक लोटा लाकर रख दिया था। अब कुन्ता बुआ ने जोर से चिल्लाकर कहा–

'शिवप्रसाद! होश में आओ, चन्दावती से ना टकराओ।'

सभी औरतें यही लाइन दुहराने लगीं। थोड़ी-थोड़ी देर में शिवप्रसाद होश में आओ, ओ छोटकऊ होश में आओ, इसी प्रकार के नारे चल रहे थे। देखते-ही-देखते चन्दावती सबकी लीडर बन गई और कुन्ता उनकी सलाहकार, धरना पुरुषों के विरोध में था– इसलिए औरतों की कमी न थी। जो औरत आती कुन्ता उसके मस्तक पर देवी माँ की फोटो के पास रखी कटोरी से रोली का तिलक लगा देती थी। देवी के भजन-कीर्तन भी होने लगते, बीच-बीच में नारे भी लगते रहते।

थोड़ी देर में हनुमान दादा के दो ख़ास चेले आ गए, उन्होंने चन्दावती के चरण स्पर्श किए और पूछा–'अम्मा कल तो तेरहवीं थी और आज ये सब–हमको बस हुकुम करो! ...आज हम कुश्ती में सिखाए उनके दाँवों का कर्ज उतारना चाहेंगे।'

'भइया!, तुम हमारे लिए आए, यही हमारे लिए बहुत काफी है। यह हमारी यानी औरतों के अधिकारों की लड़ाई है–ये देखो देवी दल उमड़ पड़ा है। अब हमको किसी प्रकार की चिन्ता नहीं करनी है। कोई आवश्यकता होगी तो फोन कर दूँगी।'

'आप कहो तो शिवप्रसाद से बात की जाए।'

'कोई फायदा नहीं है, ये लड़ाई एक विधवा औरत को बेइज्जत करके घर से निकालने की है। मैं चाहती हूँ कि यह औरतों की ताकत से जीती जाए। देखो आँगनबाड़ी वाली सभी बहनें यहाँ आ गई हैं। बेटा!, सुमेरपुर में एक ठाकुर रामबरन सिंह पत्रकार हैं, उनके पास यहाँ की सूचना पहुँचनी है। उनका फोन नम्बर मेरे पास नहीं है।'

ठीक है अम्मा, ये देखो मेरी मोटर साइकिल है हमारे पास, फटाफट अभी आधे घंटे में सुमेरपुर पहुँचते हैं, ठाकुर रामबरन का घर व उनके अखबार का दफ्तर सब जानते हैं। यहाँ की सारी सूचना हम उनके पास पहुँचा देंगे और उनसे फोन पर आपकी बात भी करवा देंगे।'

'बात कराओ-चाहे न कराओ, बस यह खबर उन तक पहुँच जाए।'

'ठीक है अम्मा, बस एक घंटे में सब हो जाएगा।'

दोनों कुन्ता बुआ से टीका लगवाकर चले गए। देवी दल एकत्र हो गया था।

'शिवप्रसाद होश में आओ।'

'चन्दावती से ना टकराओ।'

यही नारा बार-बार सभी औरतें दुहराने लगी थीं।

देवी दल की चौकी

चन्दावती को निकालने के बाद से छोटकऊ अपने घर से न तो निकले थे न अपना दरवाजा ही खोला था। सकटू से फोन पर थोड़ी-थोड़ी देर आस-पास के हाल-चाल ले रहे थे। ब्राह्मण टोलेवाले सब उनके साथ थे। तिवारी जी का बेटा विनोद शिवप्रसाद की सहायता में लगा था। छोटकऊ ने प्रधान रामफल से फोन पर सब बात कर ली थी। यह सारी योजना पहले से ही तय कर ली गई थी। तेरहवीं वाले दिन ही सारी बातें निश्चित कर ली गई थीं। चन्दावती के कान में इसकी भनक तक न पड़ पाई थी कि तेरहवीं के अगले दिन यह सब हो जाएगा। शिवप्रसाद ने थाने की सेटिंग पहले से ही कर ली थी। इसी योजना के कारण रामफल प्रधान गाँव से बाहर चले गए थे। छोटकऊ ने रामफल से फोन पर कह दिया था–

'प्रधान दादा कम-से-कम एक सप्ताह बाद गाँव लौटिएगा। खर्च-पानी जो भी कम पड़े बता देना, तुम्हारे अलावा और कोई दूसरा इस मामले में हाथ नहीं डालेगा।'

'थानेदार से बात कर ली है?' प्रधान ने पूछा।

'हाँ दादा', उसने कहा है कि थाने में जब कोई शिकायत आएगी तो हम कानूनी कार्यवाही करेंगे। 'हमको तो केस बनाना है, चन्दावती हनुमान की पत्नी थी या नहीं इस बात का फैसला ग्राम प्रधान और गाँव की जनता करेगी।'

'हमको ही इसमें उलझा दिया है, अब इस बुढ़ापे में हमारी ही धोती खोलोगे?... हम ही मिले हैं नंगा करने के लिए?'

'तुम हरिद्वार घूम आओ। बस गाँव में अभी वापस न आना। दादा! पचास बीघा खेती का मामला है। क्या अपने बेटे और पोतों का हक उस तेलिन को दे दें?'

'चन्दावती क्या कह रही है?'

'न पूछो दादा, घर से निकालने के बाद वह वो कुन्ता और शंकर के साथ मिलकर पूरे गाँव की औरतों को इकट्ठा करके धरने पर बैठ गई है। दो ठाकुरों के घर और हमारे ब्राह्मणों के घरवाले उसके साथ नहीं हैं बस।'

'भइया कल से दस-बारह फोन आ चुके हैं, हमने सबके फोन काट दिए हैं। कुन्ता और चन्दावती के अलावा और भी कई फोन आ चुके हैं लेकिन हमने उठाया नहीं है। तुम मुझे परेशानी में डाल दोगे ये हमें नहीं मालूम था।'

'दादा! तो क्या अपनी जमीन-जायदाद का हक़ छोड़ दें।' चन्दावती का हक़ देने का मतलब है कि खेती तेलियों के पास चली जाएगी। 'यह मामला कैसे निपटेगा।'

'तुम्हारे ही लिए तो हम लखनऊ चले आए। प्रधानों का सम्मलेन तो बहाना था। इसी बीच में जो कर सको कर लो, लेकिन ये बताओ कि थाने में बात पक्की कर ली है?'

'हाँ दादा, थानेदार के हाथ में दस हजार रुपए पहुँचा दिए हैं। उसने कहा है कि जाओ हम चन्दावती की रिपोर्ट नहीं लिखेंगे।'

भइया अब वैसा जमाना नहीं है, सब कलयुग आ गया है। हनुमान भाई रामायण की एक चौपाई सुनाते थे–

नारि विवस नर सकल गोसाईं
नाचहिं नट मरकट की नाईं
शूद्र द्विजन्ह उपदेशहि ग्याना
मेलि जनेऊ लेहि कुदाना।

'भइया सावधान हो जाओ अब औरतों का जमाना आ गया है। नींच जाति के लोग ऊँची जातिवालों को उपदेश देने लगे हैं।'

'तो क्या हम बिना लड़े हार मान लें? जो होगा देखा जाएगा...।'

ठीक है भैया, ध्यान रखना। एक ग्रामीण विकास मन्त्री है निरंजन प्रसाद निरहू, बहुत ईमानदार नेता माने जाते हैं। सीतापुर के रामपुर मथुरा क्षेत्र से निर्दलीय जीते थे, बाद में बहन जी ने उनको अपने दल में शामिल कर लिया। अब वो मन्त्री हैं। कल उनके साथ प्रधानों की मीटिंग है, देखो मौक़ा मिला तो थाने में फोन करवा देंगे। कोई धारा लगाकर उस तेलिन और राँड़ कुन्ता को जेल करवा दूँगा।'

दादा ऐसा हो जाए तो हमारी-तुम्हारी मतलब सब सवर्णों की जीत हो जाएगी।...पाँच हजार तुम्हें खर्चा पानी के लिए दिए थे, जो कुछ कम हो तो बताना।'

'अब मन्त्री फोन करेगा तो उसका तो कुछ अलग से बनेगा ही। चलो अब फोन रखते हैं। देखा जाएगा जो कुछ नयी बात हो तो हमें बताना जरूर।'

जब फोन पर बात समाप्त हुई तो विनोद ने कहा– बाबू जी, विनोद के घर में अपनी मीटिंग शुरू होने वाली है।... चलो।'

'बाहर सबके सामने निकलना ठीक नहीं है, विनोद के घर तक कैसे चलोगे?'

'अपने जीने से चढ़कर उनकी छत से होकर उनके घर में सीधे पहुँच जाएँगे।'

ब्राह्मणों ठाकुरों के अलावा दूसरी बिरादरी के नाम पर सकटू ही अकेले उस मीटिंग में मौजूद थे। चन्दावती के धरने का आज दूसरा दिन था। छोटकऊ व शिवप्रसाद की हालत खस्ता हो रही थी। विनोद कहने लगे–क्या चाहते हो चाचा, धीरे से तेलिनियाँ को लुढ़का दिया जाए।

'ये इतना आसान काम नहीं है।'

'आप आदेश दें बस।'

'नहीं बेटा, इस योजना से तो हमारा पूरा मुहल्ला स्वाहा हो जाएगा।' अब शूद्रों का राज चल रहा है। जहाँ देखो वहाँ ऊँचे ओहदों पर शूद्रों की ही नियुक्तियाँ हो रही हैं। अब तो वो ब्राह्मणों ठाकुरों की तरह व्यवहार करने लगे हैं। तमाम नीच जाति के लोग जनेऊ पहनने लगे हैं। तमाम तो अपने नाम के आगे सिंह या शास्त्री लिखने लगे हैं। एक तरफ तो कोटे का फायदा लेते हैं, दूसरी तरफ ब्राह्मणों, ठाकुरों जैसा मान-सम्मान भी चाहते हैं। ये तो ठीक नहीं हैं।'

'तो क्या हाथ जोड़ने से वह तेलिन अपना अधिकार छोड़ देगी और हरिद्वार चली जाएगी?'

'ऐसे तो नहीं जाएगी..., अब तुम्हीं सब लोग बताओ क्या किया जाए?'

'जान से न मारो, पर उसको डरा-धमकाकर अपना काम निकालो।'–किसी ने कहा।

सकटू बोले, 'भइया वह डरने वाली नहीं है। उसके पास औरतों की पूरी फौज तैयार हो गई है। एक वह राँड़ कुन्ता, दूसरी वह शंकर की बीबी और उसकी लड़कियाँ न मालूम कहाँ से चालीस-पचास औरतों को इकट्ठा कर लाई है।'

विनोद ने कहा– 'उस तेलिन को लुढ़काए बिना काम नहीं चलेगा। ...उसको खतम करने का कोई जतन किया जाए। कोई दुर्घटना बना दी जाए जिससे कत्ल की बात बीच में न आने पाए।'

शिवप्रसाद ने पूछा, 'क्या मतलब दद्दू?'

'मतलब किसी मोटर साइकिल की टक्कर या फिर ट्रैक्टर से'...

'समझ गए, ...इस प्रकार की कोशिश ज्यादा ठीक रहेगी।' दुर्घटना घट जाएगी तो फिर थोड़े दिन में सब रफा-दफा, बात आई-गई हो जाएगी। बस असल बात यह है कि सब काम कायदे से करो। 'किसी दूसरे गाँव का आदमी खोजा जाए तो ज्यादा अच्छा होगा।'

'बिल्कुल ठीक शिवप्रसाद, तुम्हारा दिमाग तो बहुत सही चलने लगा है, लेकिन बहुत ही होशियारी से काम बनेगा।'–विनोद ने कहा।

छोटकऊ ने बताया– 'भइया, अभी रामफल दादा से बात की थी। उन्होंने बताया कि कोई ग्रामीण विकास मन्त्री निरंजन प्रसाद निरहू से थाने में फोन करवा देंगे तो सब ठीक हो जाएगा।'

विनोद बोला–'क्या ठीक होगा थाने में चढ़ावा तो पहले ही जा चुका है, नहीं तो अब तक तुम्हारी गिरफ्तारी हो चुकी होती। अब अगर मन्त्री की सिफारिश से कोई धारा लगवाकर कुन्ता व चन्दावती की गिरफ्तारी करवा दी जाए तो शायद कोई बात बने।'

'ये जो देवी दल बन गया है इसको तुरन्त रुकवाना पड़ेगा। बस ये समझ लो कि हमको इसे दोनों तरफ से साधना पड़ेगा। हमारे खानदान की इज्जत तो हनुमान दादा पहले ही से ही बर्बाद कर गए। अब किसी प्रकार उस कलंक को धोना पड़ेगा। मान लिया दादा नपुंसक थे तो उनके कोई सन्तान नहीं पैदा हुई। यदि कोई सन्तान होती तो हमारा जीवन तो पेशाब में डूब मरने के बराबर होता। बिरादरी, रिश्तेदारी में कहीं भी जाते हैं तो सब लोग सबसे पहले यही पूछते हैं– कहो भाई तुम्हारे मुहल्ले में उस तेलनियाँ के क्या हाल-चाल हैं।'

शिवप्रसाद ने कहा–'ठीक है दद्दू, हम दोनों प्रकार से चाल चलकर उसको घेर लेंगे। बाकी आप सब लोगों का आशीर्वाद मिलेगा तो मन्दोदरी से छुटकारा मिल जाएगा।'

मीटिंग समाप्त हुई, छोटकऊ अभी अपनी छत पर पहुँचे ही थे कि रामफल का फोन आ गया–'हलो, हाँ छोटकऊ! हमने मन्त्री जी से थाने में फोन करवा दिया है। तुम्हें कुछ करने की जरूरत नहीं है। शान्ति से काम लो। जब चन्दावती की गिरफ्तारी हो जाए तो हमें बता देना।'

'ठीक है दादा।'

कोई दो घंटे बाद सुमेरपुर से पुलिस आ गई। यहाँ हनुमान दादा के अखाड़े के पास ही देवी दल की चौकी रख दी गई थी। चन्दावती, कुन्ता, रजाना, मीरा के साथ कोई चालीस औरतें देवीगीत गा रही थीं। बीच-बीच में माता का जयकार लगता और फिर नारा गूँजता–'शिवप्रसाद होश में आओ/चन्दावती से न टकराओ' सभी औरतें इसे दोहराती थीं। यह धरने का दूसरा दिन था। पुलिस को देखकर कुछ स्त्रियाँ चुपचाप वहाँ से निकल लीं। वर्दी देखकर बड़े-बड़े भाग लेते हैं ये तो बेचारी स्त्रियाँ थीं। पुलिस वाले ने आगे बढ़कर पूछा– 'चन्दावती किसका नाम है?'

कुन्ता ने पूछा–'क्या बात है साहब?'

'हमको शिकायत मिली है कि चन्दावती गाँव में शान्तिभंग कर रही है। बताओ किसका नाम है चन्दावती?'

'किसने की है शिकायत?'

ये सब थाने में चलकर पूछना यहाँ बेमौसम देवी जी के गीत क्यों चल रहे हैं।'

चन्दावती आगे बढ़कर बोली–'हमारा नाम है–चन्दावती, हम हनुमान दादा की विधवा हैं। हमारा भतीजा शिवप्रसाद और छोटकऊ, जो हमारे देवर हैं, उन्होंने हमको घर से बाहर निकाल दिया है इसीलिए यहाँ धरना चल रहा है।'

'धरना पर बैठने की सूचना थाने में दी जाती है। ये सब गैरकानूनी है। हमको तुम्हारे खिलाफ शिकायत मिली है और तुम्हारी गिरफ्तारी का आर्डर मिला है। चलो गाड़ी में बैठो। जो कुछ कहना हो थाने में चलकर बताना। ये धरना ख़तम करो। सभी लोग अपने-अपने घर जाइए नहीं तो थाना-कचहरी के चक्कर में जिन्दगी खराब हो जाएगी।'

कुन्ता ने कहा– 'हम भी चलेंगी थाने।'

पुलिसवाला बोला– 'जिसको आना हो आए, हम इनको लिये जाते हैं।'

एक पुलिसवाली ने चन्दावती का हाथ पकड़कर जीप में बिठा लिया। सब धरना चौपट हो गया था। कुन्ता बुआ ने कहा–'घबड़ाओ नहीं, हम थाने जा रही हैं, शंकर के साथ, जिसको आना हो आओ, मीरा तुम यहीं रहो, यहाँ की सारी सूचना हमें देती रहना। राजेश को फोन कर दो, उससे पूछो कि पत्रकार रामबरन के पास यहाँ की खबर पहुँची है कि नहीं, और सबको खबर पहुँचा दो कि– चन्दावती की गिरफ्तारी हो गई है। राजेश से कहो वहीं थाने में मिले, और जिसे ठीक समझो खबर कर दो।'

'ठीक है बुआ हम यहाँ सब सँभाल लेंगी।'

कुन्ता गनी मियाँ के घर गई और सारा हाल बताया तो गनी मियाँ ने पूछा–'हमको बताओ कि हमसे क्या सहायता चाहती हो।'

'तुम्हारे पास ट्रैक्टर है हमको तुरन्त सुमेरपुर जाना है–काहे ते चन्दावती की गिरफ्तारी हो गई है। थाने तक तुम भी तो चलो तो बहुत अच्छा है, नहीं तो ट्रैक्टर तो चाहिए ही। हमारे साथ शंकर रजाना और दो-चार और लोग थाने जाएँगे।

'दिदिया, तुम हमें न ले जाओ, ट्रैक्टर ले जाओ, परसादी चला लेता है। वही तुम्हें ले जाएगा।'

'ठीक है डीजल हम भरवा लेंगी।'

'डीजल भरा है।'

'तो उसके पैसे बता देना।'

'चिन्ता न करो, इस काम के पैसे हम नहीं लेंगे। क्या हमारा फर्ज नहीं कि हनुमान दादा की बेवा की मदद करें।'

'तो ठीक है गनी भइया!, तुमसे यही आशा थी।'

उधर वहाँ गाँव में छप्परों व पेड़ों के नीचे जहाँ-तहाँ सब लोगों ने अपने-अपने कहानी-किस्से चालू कर दिए थे। इस गिरफ्तारी के बाद छोटकऊ ने आज दो दिन बाद अपने घर के दरवाजे खोले थे।

छोटकऊ और विनोद ने दरवाजे पर की ऐसी हालत देखी तो चन्दावती को गालियाँ बकने लगे। उन्होंने देखा कि केले का पेड़ कटा पड़ा है, भैंस नाँद पर नहीं है। किवाड़ों पर हँसिये के तमाम निशान बने हैं। अब वहाँ धरना वाली जगह पर देवी दल वाला कोई भी नहीं था। मीरा हनुमान दादा का चित्र व दुर्गा मइयावाले चित्र की चौकी अपने घर पहले से ही उठा ले गई थी। उसने सादे कागज पर सब हाल लिखकर गाँव के कोई पन्द्रह आदमी और दस-बारह औरतों के हस्ताक्षर करवा लिये थे। अब शंकर के दरवाजे सब इकट्ठे हो गए थे। मीरा ने वह हस्ताक्षरवाला कागज कुन्ता को दे दिया। बोली–

'बुआ, यह कागज थाने में काम आएगा। इसकी फोटो कॉपी सुमेरपुर में करवा

लेना। एक पत्रकार दादा रामबरन को दे देना। एक अपने पास जरूर रख लेना।'

गनी मियाँ का ट्रैक्टर लेकर परसादी आ गया था। ट्रैक्टर में बैठकर सब चल दिए। सुमेरपुर दौलतपुर से ज्यादा दूर नहीं था। उसने लगभग एक घंटे में सबको पहुँचा दिया था। थाने के सामने भीड़ लग गई थी। हनुमान दादा के अखाड़ेवाले कई चेले राजेश के साथी और पत्रकार रामबरन, ये सब वहाँ पहले से ही मौजूद थे। मीरा के फोन करने से ये सब आ गए थे। रामबरन सिंह थानेदार को देर तक समझाते रहे। थानेदार ने कहा, 'अब चन्दावती की जमानत होगी। अब आपके आने से इतना अवश्य होगा अब इनको यहाँ पर कोई तकलीफ नहीं होगी।' ये हमारा वादा है।

'क्या आरोप लगाया है चन्दावती पर?'

'गाँव में शान्ति भंग न हो इसीलिए उनकी गिरफ्तारी की गई है।'

'किसने की है शिकायत।'

ये सब बातें हमसे मत पूछो, आप तो स्वयं सब पता लगा ही लेंगे, पत्रकार जो ठहरे।' बस ये समझ लो इनकी गिरफ्तारी मन्त्री निरहू जी के कहने से की गई है।'

'निरहू जी से हम बात कर लें।'

बिल्कुल दादा, हम तो यही चाहते हैं कि आपस का मामला है। बातचीत से निपटा लिया जाए। चन्दावती हनुमान दादा की विधवा है उनका बड़ा मान-सम्मान और नाम भी था।

चन्दावती से मिलने पर रामबरन कहने लगे– 'तुम चिन्ता न करो। तुम्हें यहाँ कोई तकलीफ नहीं होगी, बस थोड़ी देर में तुम्हारी जमानत हो जाएगी।'

'कौन लेगा हमारी जमानत।'

'बहुत हैं तुम्हारी जमानत लेने वाले तुम क्यों परेशान होती हो।'

'प्रधान जी लखनऊ गए हैं, जब से वो खतम हुए हैं, हमारी जिन्दगी जैसे ख़तम हो गई है। भइया बेवा का जीवन उसके पति के जीवन के साथ ही ख़तम हो जाता है। हमने सोचा तुम्हारे दादा के नाम पर गाँव में एक हाईस्कूल खुलवाएँगे और रामलीला कमेटी की भी कुछ सहायता कर देंगी। औरतों के लिए एक व्यावसायिक प्रशिक्षण केन्द्र खुल जाता तो...'

'जो चाहती हो वह सब होगा। अभी जमानत हो जाएगी।'–इस प्रकार चन्दावती को भरोसा दिलाकर रामबरन थाने से बाहर आ गए। उन्होंने सबको समझाया कि बात लखनऊ तक पहुँच गई है। थानेदार कहता है कि निरंजन प्रसाद निरहू का फोन आया था चन्दावती को तुरन्त ही हिरासत में लो नहीं तो दौलतपुर में दंगा हो जाएगा।

कुन्ता ने पूछा– 'अब क्या होगा भइया, ये बात सही नहीं है।'

रामबरन बोले, 'इन सब बातों के लिए सुबूत इकट्ठा करना पड़ता है।'

'देखो इस कागज से कुछ काम बनेगा?'

कुन्ता बुआ ने मीरावाला कागज रामबरन को दे दिया। उस कागज में सब सही-सही बातें लिखी थीं। जब रामबरन ने उसे पढ़ा तो उसे सारी कहानी समझ में आ गई बोले– 'फिक्र न करो। यह कागज थानेदार के पास जमा करवा दो। तुम्हारे प्रधान रामफल जी कहाँ हैं?'

'वो तीन दिन से लखनऊ में हैं पता नहीं क्या हो गया है, दो दिन से उनका फोन भी नहीं मिल रहा है।'

'खैर कोई बात नहीं, हम मन्त्री जी से बात करते हैं।'

रामबरन ने दो-तीन बार प्रयास किया तब जाकर निरहू जी के अर्दली ने फोन उठाया।

'हलो मन्त्री जी से बात करनी है।'

'आप? क्या बात करनी है?'

'बता दो हिन्दुस्तान पेपर के पत्रकार ठाकुर रामबरन का फोन है।'

'ठाकुर साहब, मन्त्री जी अभी अपने गाँव धान्धी के कुछ लोगों से बात कर रहे हैं। तुम थोड़ी देर बाद फोन करना।'

'अच्छा सुनो, उनसे पूछ लो कि उन्होंने सुमेरपुर की किसी औरत को गिरफ्तार करने का आर्डर दिया है।'

'तुम पत्रकार हो? तो तुमसे वे स्वयं ही बात कर लेंगे।'

रात हो गई थी। कुन्ता, रजाना और शंकर वहीं थाने के सामने एक पेड़ ले नीचे बैठ गए। दादा के दोनों शिष्य भी देर रात तक जमे रहे। वह लोग सबके खाने-पीने का प्रबन्ध कर रहे थे।

मन्त्री का कोई सन्देश नहीं आया। रामबरन ने बढ़िया-सा समाचार तैयार करके पूरी कहानी लिखकर लखनऊ कार्यालय को फैक्स कर दिया, जब सबेरे यह समाचार छपा जिसकी हेडिंग थी 'मन्त्री के आदेश से बेवा चन्दावती गिरफ्तार', उसके अन्दर पूरा सिलसिलेवार विवरण दिया गया था। कि कैसे क्षेत्र के नामी पहलवान हनुमान दादा की विधवा को पहले तो शिवप्रसाद व छोटकऊ ने उन्हें बेइज्जत करके घर से निकाल दिया, फिर जब वह अपने घर के बाहर धरने पर बैठ गई तो उसकी समस्या का समाधान करने की बजाए उसको निरंजन प्रसाद निरहू के इशारे पर हिरासत में ले लिया गया। रामलीला में सीता का रोल करने वाली उस बेकसूर को शान्ति भंग करने के आरोप में गिरफ्तार भी कर लिया गया। नेता और दरोगा पैसा खाकर यह सब काम कर रहे हैं। असली मुद्दा तो हनुमान दादा की पचास बीघा खेती का है जिस पर उनकी विधवा चन्दावती का हक है।

ये खबर पढ़कर निरंजन प्रसाद ने सबसे पहले अपने पी.ए. को बुलाया और पूछा?

'हमने क्या थाने में कोई फोन किया था?'

'साहब दौलतपुर के रामफल प्रधान कल आए थे शायद उन्होंने कोई फोन करवाया हो हमें तो कुछ नहीं पता है।'

'पता करवाओ और रामफल को बुलवाओ।'

'ठीक है साहब।'

'ठीक नहीं है अभी बुलवाओ रामफल को और ऑफिस से पता करवाओ फोन किसके कहने से गया है? सब पता करो और हाँ थाने में फोन मिलाओ और पत्रकार रामबरन से बात करवाओ।'

अर्दली ने बताया, किसी पत्रकार का फोन कल शाम को आया था, जब आपके गाँव धान्धीवाले सब बैठे थे, तब बात नहीं हो पाई थी।'

'तुम सब मिलकर क्षेत्र में हमें मुँह दिखाने लायक नहीं छोड़ोगे। बहन जी को पता चल गया होगा। बस खाने-पाखाने के अलावा तुम लोगों के पास और कोई काम नहीं रह गया है। सब लोग खा-खाकर मोटे हो रहे हो अब सबको निकाल बाहर करेंगे।' निरहू ने सभी लोगों से बात की। सबसे पहले रामबरन से बात की, फिर थानेदार से पता किया और उसको धमकाते हुए बोले –'चन्दावती को फौरन रिहा करो और दूसरी पार्टी पर एक्शन लो, हमने कोई फोन नहीं किया था। अब अपना बोरिया-बिस्तर बाँध लो। साले, हमी मिले हैं बदनाम करने के लिए। कौन-सा केस बनाया है।'

'गाँव की शान्ति न भंग हो इसलिए गिरफ्तार किया गया है। ...फोन तो साहब आप ही के दफ्तर से आया था। हनुमान दादा के भाई छोटकऊ और उनके बेटे शिवप्रसाद की लिखित शिकायत पहले से आई थी।'

जिसने फोन किया है उसका भी पता लगवा रहे हैं। उसका भी बिस्तर गोल होगा। ये बताओ कितने हजार लिये हैं?'

'नहीं साहब'।

'चन्दावती को छोड़कर उनसे माफी माँगो और पत्रकार रामबरन को बुलाकर आज की खबर का खंडन करवाओ नहीं तो तुम्हारा बिस्तर पक्का गोल होगा। और नक्सलियों के इलाके में पहुँचा दिए जाओगे। मिर्जापुर के जंगलों में तुम्हारा सब घर-बार का सुख-चैन सब गायब हो जाएगा।'

'हमसे गलती हो गई साहब, ठीक है साहब, अभी सब ठीक हो जाएगा, हम आपको सूचित करेंगे।'

'रामबरन जब आ जाए तो हमारी बात करवाना।'

'जी साहब'।

पासा उल्टा पड़ता देखकर थानेदार ने पहले शिवप्रसाद को फोन करके सारे समाचार बताए फिर कहने लगा– 'अब हम कुछ नहीं कर पाएँगे जो तुमसे बन पड़े कर लो।'

शिवप्रसाद चुप हो गया, 'तो अब क्या किया जाए, झूठी शिकायत की रपट लिखाने के चक्कर में, पुलिस को गुमराह करने के कारण तुमको भी गिरफ्तार करेंगे।'

'ये क्या कहते हो थानेदार साहब?'

'ठीक कहते हैं, दस की दो गड्डी पहुँचा जाओ तो दिमाग कुछ काम करे।'

'एक घंटे में पहुँच जाएगी, लेकिन ये गिरफ्तारी वाली बात न करो।'

'चन्दावती को छोड़ रहे हैं। अब तुम चाहो तो उसको रास्ते में कही पटखनी देकर लुढ़का सकते हो। पचास बीघा खेती को बचाने का सबसे बढ़िया यही तरीका है। केस तो हमें ही देखना होगा। बस एक लाख हमारे मशविरे की फीस अलग से भिजवाओ।'

'ठीक है साहब।'

थानेदार ने फोन करके पत्रकार रामबरन को बुलवा लिया। थाने के बाहर अब तीस-चालीस लोगों की भीड़ इकट्ठी हो गई थी। थानेदार ने रामबरन से कहा– दादा तुम्हारे अखबार की खबर ने तो बहुत हंगामा खड़ा कर दिया। मन्त्री जी का फोन आया कि चन्दावती को तुरन्त निजी मुचलके पर छोड़ दिया जाए।

'यही तो हम कल भी कह रहे थे पर तुम्हारी समझ में नहीं आया।'

'चलिए अब चन्दावती को ले जाइए।'

'अब शिवप्रसाद और चन्दावती का समझौता करवा दीजिए ताकि अब इनको कोई परेशानी न हो'।

'ठीक है आप अभी इन्हें ले जाइए, हम शाम तक दौलतपुर आ जाएँगे वहीं आमने-सामने बैठाकर निपटारा (फैसला) करवा देंगे।'

'चन्दावती जी हमें माफ कर दीजिए, हम आपको नहीं जानते थे। बस अब पुलिस आपके साथ है।'

'हमारा देवी दल हमारे साथ है। भाई रामबरन आए हैं, ये हमारे साथ हैं। आपको जो करना हो कीजिए। जब एक बार थाने में आ गए हैं तो अब मन से सारा डर निकल चुका है। अब तो बेवा के हक की लड़ाई है।'

चन्दावती जब थाने से बाहर आई तो कुन्ता बुआ ने उसको कलेजे से लगाकर लिपटा लिया। अब गाँव-जवार के सब लोग 'हनुमान दादा जिन्दाबाद, चन्दावती जिन्दाबाद, देवी दल जिन्दाबाद के नारे लगाने लगे। और फिर सब गनी मियाँ के ट्रैक्टर पर सवार हो गए। सब लोग उस पत्रकार रामबरन की प्रशंसा कर रहे थे। वास्तव में उनकी खबर ने बहुत बड़ा काम किया था। ठाकुर रामबरन सुमेरपुर के पुराने पत्रकार हैं और सुमेरपुर में उनका बड़ा सम्मान है। गाँव के पुराने रईस हैं। इनके दादा पुराने जमींदार थे। न मालूम कितनी बागें, कितने खेत और कितनी जागीर थी। उनको पेपर की सुर्खियों में अपने गाँव का नाम और अपना नाम देखकर अपार ख़ुशी होती थी। सच्ची खबर बनाकर भेजते थे। अखबार के सम्पादक कभी इनकी खबर पर कैंची नहीं चलाते थे। इनकी खबर सभी लोग

पढ़ते थे। हनुमान दादा के घर से इनकी पुरानी मित्रता थी, बिल्कुल घर जैसी। बहरहाल सब लोग उनका शुक्रिया अदा करके प्रसन्नतापूर्वक थाने से विदा होकर चले। थाने से निकालकर कुन्ता, चन्दावती, रजाना, शंकर सभी ट्रैक्टर पर सवार हो गए। फिर चन्दावती ने प्रसादीलाल से कहा–

'भइया अब जब सब कुछ ठीक-ठाक हो गया है तो मिठाईवाले की दूकान से दो किलो पेड़ा ले लो और सबको पानी पिलाओ। और अखाड़े में चढ़ाने के लिए बीरा-बताशा ले लो।- पैसा कुन्ता बुआ से ले लो।'

'ठीक है चाची, आगे चौराहे पर रामदीन की दुकान है वहाँ बढ़िया मिठाई मिलती है, वहीं से ले लेंगे।'

थोड़ी दूर चलकर प्रसादीलाल ने सड़क के एक छोर पर ट्रैक्टर खड़ा कर दिया। सड़क के दूसरी तरफ रामदीन हलवाई की बड़ी-सी दुकान थी। सब उतरकर दुकान के सामने पहुँच गए। चन्दावती सबसे आगे थी। मिठाई की दुकान की बगल में एक घर में चुनाई व प्लास्टर का काम हो रहा था। इसी बीच में एक बाइकवाला बहुत तेजी से आया और वहाँ सड़क के किनारे खड़ी चन्दावती को पीछे से बड़ी जोर से टक्कर मारी उस झटके से चन्दावती उछलकर दूर पड़े हुए बालू के ढेर पर जा गिरी। कहावत है कि–

'जाको राखे साइयाँ, मार सके न कोय', तो आज वही कहावत चन्दावती पर चरितार्थ हो गई। कहीं अगर वो वहाँ लगे हुए ईंटों के चट्टे पर गिरती तो खोपड़ी फट जाती, हाथ, पैर, मुँह, टाँग कुछ भी टूट-फूट सकता था। सब लोगों ने दौड़कर चन्दावती को उठाया। झटका बहुत जोर का था। वह कमर पकड़कर बैठ गई। दो-तीन मिनट तक तो वह संज्ञाशून्य जैसी स्थिति में बैठी रही। उसे समझ में ही नहीं आ रहा था कि ये सब कैसे हो गया और उसे चोट कहाँ लगी है। सब अचम्भित हो गए थे। कुन्ता, शंकर, रजाना, प्रसादीलाल सभी उस मोटर साइकिल की तरफ दौड़े। इसी बीच वो मोटरसाइकिल वाला गाड़ी छोड़कर भाग निकला, बुलट गाड़ी थी वह, यदि गिर जाए तो जल्दी सीधी करना मुश्किल होता है। बस पकड़े जाने और पीटे जाने के डर से वह अपनी जान बचाकर भाग लिया। शंकर व प्रसादीलाल ने थोड़ी दूर तक उसका पीछा भी किया, लेकिन वह इस गली से उस गली में होते हुए इधर से उधर कूद-कादकर किसी तरह भाग लिया। ये सब पीछे से पकड़ो-पकड़ो चिल्लाते ही रह गए। उसने पूरे शीशेवाले हेलमेट से मुँह ढका हुआ था। शायद आँखों पर काला चश्मा भी लगाया था। उसका आँख-नाक-मुँह सब कुछ ढका था। बस उसकी रेड शर्ट और नीली पैंट सबको याद थी। नम्बर प्लेट पर भी जंग लगी हुई थी। उसके ऊपर गोबर चिपका था। गाड़ी का कोई नम्बर था ही नहीं इस लिए नम्बर कोई नहीं पढ़ सका था। अगली तरफ तो नम्बर था ही नहीं। अब दो लोग उसी गाड़ी के पास खड़े हो गए कि शायद कोई गाड़ी उठाने आए तो उसे पकड़कर पुलिस की कस्टडी में दे दिया जाए। बाकी सब लोग

चन्दावती को वहीं एक प्राइवेट हॉस्पिटल में लेकर गए। पुलिस को सूचित कर दिया गया था। थाने से एक सिपाही भी आ गया था। उसने सारी जानकारी प्राप्त करने के बाद मोटरसाइकिल अपने कब्जे में कर ली थी।

इधर डॉक्टर ने बताया– 'भाग्य अच्छा था चन्दावती का जो बिल्कुल साफ बच गई।' न कहीं फ्रैक्चर हुआ न कहीं टूट-फूट। बालू के ढेर पर गिरने से जान भी बच गई।'

'लेकिन डॉक्टर साहब कमर में बहुत दर्द हो रहा है।'–चन्दावती ने कहा।

'ये लो... अब क्या दर्द भी न होगा। ...तुम मरते-मरते बची हो, इंजेक्शन दे दिया है। एक घंटा आराम जरूर करो। मुँह के बल गिरी होती तो क्या मुँह-आँख, नाक में चोट न लगती। कहीं अगर सिर फट जाता तो सब कुछ खत्म ही हो जाता। ये समझो कि बस मौत तुम्हें छूकर निकल गई। बहुत अच्छी किस्मत पाई है तुमने।'

कुन्ता बोली–ठीक कहते हैं डॉक्टर साहब, हम तो देखते ही रह गए। जैसे उस 'दहिजार मोटर साइकिल वाले ने चन्दावती को ठोकर मारी वैसे ही उछलकर वह बालू की ढेरी पर जाए गिरी, जो कहीं यदि इनके हाथ-पैर पर बुलट चढ़ जाती तो शर्तिया ये अपाहिज हो जाती और यदि कहीं बालू के बगल में लगे ईंटों के चट्टे पर गिरती तो मुँह, नाक, सिर आदि सभी में भयंकर चोट लग सकती थी।'– 'अब परेशान न हो घंटे-भर में इनका दर्द कम हो जाएगा तब इन्हें घर ले जा सकती हो।'

'ठीक है डॉक्टर साहब 'कुन्ता, शंकर व प्रसादीलाल तथा गाँव के अन्य सब साथी वहीं दवाखाने के बाहर बैठकर बातें करने लगे। थोड़ी देर में दरोगा अपनी जीप से चन्दावती का हाल-चाल लेने पहुँच गया।

कुन्ता ने कहा –'साहब यह दुर्घटना नहीं है, इसमें चन्दावती को जान से मारने की साजिश की गई है।'

'किसी पर शक हो तो बताओ?'

साहब, नाम तो सभी को मालूम है लेकिन कहना ठीक नहीं है।'

'कोई बात नहीं है हम पता लगा लेंगे। ... और हाँ, अब सबसे कह देना कि अब शामवाली मीटिंग दो दिन बाद होगी।' तब तक चन्दावती जी भी ठीक हो जाएँगी।'

'ठीक है साहब!'–कुन्ता ने कहा।

●

फैसला

दरोगा जी के हुक्म से कल सायंकाल पाँच बजे दौलतपुर में हनुमान दादा के अखाड़े पर मीटिंग बुलाई गई थी। छोटकऊ, शिवप्रसाद, प्रधान रामफल, सकटू, शंकर, चन्दावती, कुन्ता, रजाना और गाँव के प्रतिष्ठित स्त्री-पुरुष और पत्रकार रामबरन आदि सब लोगों को उपस्थित रहना था। मीटिंग से एक दिन पहले सकटू के दरवाजे पर एक और मीटिंग होने लगी, ऐसी बैठकों में अधिकतर उसके मुखिया सकटू होते थे। सकटू के दरवाजे पर अब छप्पर के स्थान पर एक बड़ा-सा बरामदा बन गया था जिसमें दो तख्त पड़े रहते थे। सायंकाल इसमें पियक्कड़ों की बोतलें खुलती-खनकती थीं। दारू के नशे में वे लोग सारी दुनिया के फैसले करते थे। आज प्रधान रामफल लखनऊ से वापस आ गए थे। उनकी प्रधानी भी इसी बरामदे में बैठे लोगों के बीच फलती-फूलती थी। यद्यपि जब तक हनुमान दादा जीवित थे तब तक रामफल उन्हीं के दरवाजे पर मजमा लगाते थे। अब जब उनकी मृत्यु हो गई तो वे इसी सकटू के दरवाजे ही सबको बुलाने लगे। सकटू जाति के नाई थे। कहते हैं कि नाई की बुद्धि बहुत तेज होती है वह बहुत दूर-दूर तक बातें सोच लेता है। सकटू तो बस नाम के नाई थे। वे नाईवाला काम नहीं करते थे। उनके पास दस बीघे की खेती थी और दो पीढ़ियों से उनका निजी पेशा (बाल काटना व हजामत बनाना) बन्द हो गया था। लड़के पढ़-लिखकर बाहर चले गए थे।

बाजार का दिन था। गाँव के प्रत्येक शुक्रवार को बाजार लगता था। सकटू का घर बिल्कुल बाजारवाली गली के नुक्कड़ पर था। जो कोई भी उधर से गुजरता सब उनके दरवाजे से दिखता था। सबसे राम जुहार भी होती थी और सकटू जब जिसे चाहते बुला लेते थे। पियक्कड़ लोग तो उनके पक्के साथी बन गए थे। आज न जाने किस ओर से घूमते-घूमते लालता लड़खड़ाते हुए आ गया था और कहने लगा 'दादा, जय भीम (अब यहाँ पर नमस्कार का स्वरूप जाति के आधार पर बदलने लगा था)।

'प्रसन्न रहो भाई', 'बाजार हो आए'। हाँ दादा घर के लिए कुछ मसाले और सब्जियाँ लेनी थीं। वैसे भाई मसाले बहुत महँगे हो गए हैं।

'मसाले महँगे हुए हैं तो दारू क्या सस्ती हुई है?'

'दादा बस बाजार वाले दिन एक अद्धी लेता हूँ। ये देखो बस एक अद्धी लाया हूँ।'

'और जो पी चुके हो वो...तो'।

'अरे दादा बाजार में बस एक घूँट ही चखा था। यह तो तुम्हारे साथ बैठकर पीने

के लिए लाया हूँ कि बैठ के साथ में पिएँगे, देखो मसूर की दालमोट भी लाया हूँ...'

'अरे चमरऊ बातें न बनाओ, यह क्यों नहीं कहते कि घर में दारू की बोतल देखकर तुम्हारी बीबी बोतल को फोड़ डालेगी। चलो, भागो यहाँ से- ये क्या कोई दारूबाजी का अड्डा है।'

'अरे दादा बस तनिक देर... ये देखो हम प्लास्टिक वाले दो गिलास भी लाए हैं।' बोतल खोलकर उसने दोनों ग्लासों में दारू भर दी और बोला–

'लो दादा, तनिक-सा सुरूर आए तो बातें करने में मजा आएगा।'

सकटू ने हाथ में ग्लास पकड़ लिया और बोले– 'हम जानते हैं, 'ससुरऊ, तुम नहीं मानोगे।'

लालता दाँत निपोरकर हँसने लगा। एक पैग अन्दर जाते ही सकटू की तबियत झक्क हो गई। थोड़ी देर तक दालमोट खाते रहे फिर लालता से बोले-'भाई लालता! अब आप यहाँ से निकल लीजिए क्योंकि तुम्हारे मुहल्ले के लोग तुम्हारे घर तक यह सूचना पहुँचा ही देंगे कि लालता सकटू के दरवाजे पर बैठकर दारू पी रहे थे।'

'तो क्या दादा हम कोई चोरी कर रहे हैं, कि हम किसी से डरते हैं। अरे अपने पैसे की पी रहे हैं। जब जिसका जो जी चाहे कहता रहे हमारे ठेंगे से।'

'भइया, लालता ये तो ठीक नहीं है।'

'क्या ठीक नहीं है, तुम हमसे बड़े हो इसीलिए हम तुमसे कुछ कहते नहीं हैं, नहीं तो यह बताओ तुम हमारा कौन-सा रोयाँ उखाड़ लोगे।'

'धत साले चूतिया उठा अपना यह झोला झंटा और निकल यहाँ से।'

'दादा तुम तो नाराज हो गए, अच्छा ग्लास लाओ, भरो खाली ग्लास अच्छा लगता है?'

'धत साले, चूतिये, ...उठा ये अपना झोला झंटा ...निकल यहाँ से।'

'दादा, तुम तो नाराज हो गए,...लाओ गिलास भरें खाली गिलास अच्छा नहीं लगता है।'

'नहीं बस अब हम नहीं पिएँगे। देखो कुछ लोग आने वाले हैं। कल चन्दावती के केस का फैसला होने वाला है तो उसी की योजना बन रही है। इसीलिए अब तुम यहाँ से निकल लो, फिर और किसी दिन बैठा जाएगा।'

'अच्छा लो अब लो यह ग्लास तो ख़त्म करो।'– लालता ने दूसरा पैग भरकर आगे बढ़ाया।

दोनों अपना ग्लास ख़तम करके फिर दालमोट खाने लगे। सकटू ने देखा कि रामफल दादा आ रहे हैं तो जल्दी से लालता से बोले अब निकल लो भाई।'

'क्यों क्या हो गया।'

'प्रधान दादा आ रहे हैं।'

'तो उन्हें भी दे दीजिए।'

'चूतिया साले चमार!, वो प्रधान हैं हम नीच जातियों की तरह ये देशी दारू में वो

हाथ भी नहीं लगाते।... बस अब खिसक लो यहाँ से।'

'तुमने हमको चमार कहा? तुम नउवा-कउवा सबके बाल छोलौवा हो... तो'

'तो फिर लो'– कहकर सकटू ने लालता के मुँह पर एक थप्पड़ जड़ दिया। फिर लालता अपना मसालेवाला झोला उठाकर चल दिए। बोतल में थोड़ी दारू बची थी उसे वहीं छोड़कर जाते-जाते कह गया–

'हम किसी ठाकुर से कम नहीं हैं, तुम्हें देख लेंगे।'

जाओ, सरऊ, जाओ... दारू ज्यादा चढ़ गई है। अभी जाओ फिर किसी दिन उतारेंगे तुम्हारी दारू। ...आओ प्रधान दादा।'

'क्या हुआ ये ललतवा को?...तुम्हारा कोई झगड़ा हुआ क्या?'

'नहीं दादा सड़क के किनारे का घर है हमारा, अगर दारू पीने वाले यहाँ बैठेंगे तो हमारे दरवाजे पर भले मानुष लोग कैसे आएँगे?'

'बोतल तो तुम्हारे ही पास रखी है।'

'हाँ दादा, जब तक मीटिंग प्रारम्भ होगी तब तक थोड़ी-सी हो जाए।'

सकटू ने पैग बनाकर रामफल की ओर बढ़ा दिया। रामफल सकटू की सारी कुंडली जानते थे। वे सकटू के जन्म से लेकर आज तक की सारी कहानी जानते थे।

कहने लगे– 'जब से यहाँ तुम्हारे दरवाजे कच्चा गलियारा था, तब से देख रहा हूँ, तुम्हारे छप्पर के नीचे बाजारवालों में कहाँ-कहाँ के राहगीर आकर मजमा लगाते हैं। तब क्या तुमने कभी अपने पैसे से मँगाकर पी या पिलाई है।'

'नहीं दादा, एक बार ब्याह के बाद पिता जी ने अपने पैसे से बोतल ख़रीदवाई थी। तब से चालीस वर्ष हो गए तमाम ठेलुहाबीर आते-जाते हैं, सबको बैठने का ठीहा मिल जाता है, हमको भी पूरे गाँव के समाचार मिल जाते हैं। सब यहाँ आकर पीते हैं और थोड़ी-बहुत बोतल में छोड़ जाते हैं और जो बचती है वह आप जैसे बड़े लोगों की सेवा में काम आ जाती है।'

'अच्छा दारू की बात छोड़ो, अब कल वाली मीटिंग की क्या तैयारी है?'

'बस शिवप्रसाद और छोटकऊ आने वाले हैं, तभी सब बातें तय होंगी।'

'तुम कहते थे विलायती वाली बोतल रखी है? हाँ दादा, ख़ास आपके लिए ही प्रबन्ध किया है।'

'तुम आज की मीटिंग का प्रबन्ध करो, कल की मीटिंग की सारी व्यवस्था तो छोटकऊ करेंगे।'

'ठीक है दादा'।

सकटू भूसावाली कोठरी में घुस गए और एक बड़ी बोतल निकालकर ले आए। उसको ऊपर से पानी से धोकर भूसा साफ किया, फिर प्रधान जी की सेवा में हाजिर किया। रामफल ने बोतल देखी तो उस पर अँग्रेजी में रॉयल स्टैग लिखा था। प्रधान

जी मुस्कुराए, फिर देखा, बोतल पर सील न थी। पूछा–क्या सकटू यह नकली चीज हमारे लिए है?

'क्या कहते हो दादा नकली चीज? गंगा कसम दादा, हमें यह असली-नकली का कुछ नहीं पता है।'

'असली पर सील होती है।'

'सील-वील हम नहीं जानते, बस एक दिन हमने एक घूँट चखी थी।'

'फिर पानी भरकर रख दी?' –रामफल ने पूछा।

बात ये थी दादा, कि यह दारू बहुत तेज वाली है। इसका नशा बहुत तगाड़ा चढ़ता है। इसमें एक घूँट पानी मिलाने से भला क्या फर्क होगा?'

इसी बीच शिवप्रसाद, छोटकऊ और विनोद भी आ गए। रामफल पहले से ही मौजूद थे। सब कल वाली मीटिंग की तैयारी के लिए ही एकत्र हुए थे। किसको क्या कहना है यह बात तय कर ली गई थी। लेकिन रामफल के सामने बड़ी समस्या खड़ी थी, कि प्रधान होने के नाते उनको दोनों तरफ की बातें सुननी थीं।

रामफल ने कहा– 'हम तो चन्दावती और कुन्ता से अस्पताल में मिले थे, उसको चोट लग गई थी। तब कुन्ता ने बताया था कि मोटर साइकिलवाले हमले की नयी रिपोर्ट करवा दी गई है।'

'उसमे हमें क्या करना है।'–शिवप्रसाद ने पूछा।

'शक में तुम्हारा नाम जाहिर किया गया है।'

'मालूम है। थानेदार से बात की थी। उसे दस हजार की गड्डी और पहुँचा दी है।'

'मान गया?...'

कहने लगा– 'कल दौलतपुर में फैसला होने के बाद बाकी सब हिसाब करेंगे।'

'बहुत बदमाश है साला, वर्दी का फायदा यही है कि वो सबको हर तरफ से लूट रहा है। सकटू, तनिक विलायतीवाली पेश करो तो कुछ दिमाग खुले। ... सबको दो एक-एक पैग...।'

शिवप्रसाद और छोटकऊ एक-दूसरे की तरफ देखने लगे और बोले– 'नहीं दादा हम नहीं लेंगे।'

'क्यों?'

शिवप्रसाद ने प्रधान के कान फुसफुसाकर कहा– 'अरे बाप के सामने दारू कैसे पी जाएगी? क्या बुढ़ापे में तुम्हारी अक्ल कट गई है।...'

प्रधान जी मुस्कुराने लगे बोले, चलो अब ये बताओ कल की मीटिंग में कैसा फैसला चाहते हो?'

'आप जानते नहीं हैं कि हम क्या चाहते हैं?'–छोटकऊ ने पूछा।

'तुम पूरे बेवकूफ हो क्या?'

'क्यों दादा...'

गाँव के लोग होंगे, थानेदार होगा, वो रामबरन भी होगा तो सबके सामने हम अकेले क्या कह पाएँगे?'

'तो क्या हम सब लोग यहाँ रोयाँ उखाड़ने के लिए बैठे हैं?'—छोटकऊ ने गुस्से में कहा। अब तो शिवप्रसाद से भी न रहा गया कहने लगा–

'तीस हजार थाने में जा चुका है और तुम लोगों का खर्च अभी मैंने जोड़ा नहीं। इतनी भागदौड़ और सब परेशानी के बाद काम न हो तो क्या फायदा? ये समझ लो कि हमारे पूर्वजों की जमीन-जायदाद उस तेलिन के पास जाने से पहले हम तेलिनियाँ को काटकर फेंक देंगे।...फिर वो वही स्वर्ग में जाएगी अपने रावण के पास।'

रामफल बोले– 'सब उपाय कर चुके तो कुछ हुआ? अखबार में खबर छप चुकी है। थाने में रिपोर्ट अलग दर्ज हो चुकी है। तुम्हारे नाम पर..., चन्दावती को मरवाने की साजिश में।'

'जो होगा सो होगा अब हमसे नहीं देखा जाता है।'–शिवप्रसाद क्रोध में बिलबिला गया था।

'थोड़ा धीरज रखो', रामफल ने कहा।

छोटकऊ बोले–'प्रधान दादा ठीक कहते हैं। तो अब तुम्हीं बताओ प्रधान दादा क्या किया जाए?'

'भइया तुम जल्दबाजी करोगे तो अपना ही नुकसान कर डालोगे। देखो हमारा सारा खेल उस पत्रकार रामबरन ने बिगाड़ा है। वह अखबार में न छपवाता तो सारे काम थाने से चुपचाप निबटा लिये जाते। बात ऊपर तक पहुँच गई है–अखबार में निकलने के बाद मन्त्री जी का नाम शामिल होने से उनकी बहुत बड़ी भद्द पिट गई है। तुम्हें क्या पता कि मन्त्री निरहू (निरंजन प्रसाद निरहू) को बुलाकर बहन जी ने जवाबतलब किया है? निरहू भैया धान्धी गाँव जिला सीतापुर के हैं। रामपुर मथुरा विधानसभा से वे सबसे अधिक वोटों से जीते थे। जानते हो क्यों? वहाँ ठाकुर रामबख्श जमींदार से निरहू भइया का उनके गाँव में झगड़ा हुआ था, निरहू जाति के कहार है। ठाकुर रामबख्श के घर में कई पीढ़ियों से गुलामी करते थे। अभी चार साल पहले तक निरहू ठाकुर के गुलाम थे। अपनी बुद्धिमत्ता से निरहू ने ठाकुर को हराया उसके बाद उनकी ऐसी दुर्दशा की कि ठाकुर स्वयं निरंजन प्रसाद निरहू की जय बोलने लगे। जब उनके गाँव में पीढ़ियों की गुलामी का अन्त हो गया तो निरहू भैया का चारो तरफ नाम हो गया। वो निर्दलीय उम्मीदवार बनकर विधायक चुन लिये गए। बहन जी को जब ये बात अपने अर्दली से पता चली तो उन्होंने निरहू को बुलवाया और इनसे बातचीत करके इन्हें अपने दल में शामिल होने के लिए तैयार कर लिया। निरहू को उस समय राजनीति के बारे में कुछ भी ज्ञान नहीं था। राजनीति का ककहरा तक नहीं जानते थे, पर जीते वो बहुत अधिक वोटों से, तो इसीलिए बहन जी ने उन्हें ग्राम विकास मन्त्री का पद

भी दे दिया। अब ठाकुर रामबख्श उनकी सेवा में लगे हैं। बस निरहू भाई-निरहू भाई किया करते हैं। अब वही उन्हीं निरहू भैया के सलाहकार है।'

छोटकऊ को जब ये बेवजह का किस्सा बर्दाश्त नहीं हुआ तो कहने लगे 'दादा हमको दहिजरऊ निरहू से क्या लेना-देना है?... इस समय आप हमको उनकी गाथा क्यों सुना रहे हैं?'

'देखो निरहू ईमानदार नेता है। हमने उनके अर्दली से थाने में फोन करवाया था, अगर कहीं उसने हमारा नाम ले लिया तो समझ लो कि हमारी प्रधानी भी चली जाएगी।'

'ये सब कैसे हो गया?'

'तुम सब लोग सो रहे हो क्या? पेपर नहीं पढ़ा? रामबरन ने मन्त्री जी पर आरोप लगाया है कि उन्हीं के आदेश से चन्दावती की गिरफ्तारी हुई है।'

'तो अब क्या होगा?'

अब हमारे हाथ में कुछ भी नहीं है। अब जो मन्त्री करेंगे वही होगा। वो ईमानदार आदमी हैं, कहीं सीधे यही न आ धमकें कुछ भी पता नहीं है। थानेदार का फोन आया था कि दौलतपुर में कागजों पर फर्जी पुलिस की गश्त बढ़ा दी गई है। ...हो सकता है कोई बड़का नेता या अफसर आ जाए। हमें तो सन्देह है कि कहीं निरहू जी खुद ही न आ जाएँ।'

सकटू के दरवाजे बातचीत चल ही रही थी कि इसी बीच प्रधान जी के पास मन्त्री जी के अर्दली का फोन पर सन्देशा आया कि मन्त्री जी कल दौलतपुर पहुँच रहे हैं। यह सन्देश सुनकर तो प्रधान जी के होश उड़ गए। उनका सारा नशा उतर गया। बोले–

'अब हमारा बुढ़ापा बरबाद हो गया। तुम लोगों के चक्कर में हमारी धोती की लाँग खोली जाएगी। थाने में फोन हमने करवाया था, मिलाओ थाने में फोन मिलाओ, पूछो उसने हमें सूचना क्यों नहीं दी? ... यह सूचना लखनऊ से आ रही है, मन्त्री के आने की बात मालूम तो थानेदार को भी होगी।'

शिवप्रसाद ने फोन किया तो थानेदार ने बताया कि उसके पास ऐसी कोई सूचना नहीं आई है। लेकिन थानेदार मन्त्री जी के आने की खबर से चौकन्ना अवश्य हो गया था।

वह सबसे पहले पत्रकार रामबरन के पास गया, उसने माफी माँगी और फिर बताया– 'मन्त्री जी आपकी उस खबर से नाराज हैं। उनकी पेशी बहन जी के पास हो चुकी है। अब हमारी नौकरी भी खतरे में पड़ गई है। मन्त्री जी ने कहा है कि मिर्जापुर की ओर कहीं ट्रांसफर करवा देंगे। दादा, हमको नक्सलियों के इलाके में जाने से अब आप ही बचा सकते हैं।'

रामबरन ने कहा–'देखो जब हम से पूछा जाएगा तो समझा देंगे। ये कोई इतना बड़ा मुद्दा नहीं है। मन्त्री जी की छवि तो तुमने खराब की है तो तुम ही ठीक करोगे।'

'दादा, हमको आशीर्वाद दो ताकि निश्चिन्त हो जाऊँ। फैसला अगर सही-सही हुआ तो सारी बात ख़तम हो जाएगी और जो गलत हो गया तो सारी बात बिगड़ जाएगी।'

'थाने से निकलने के बाद मोटर साइकिल वाले ने चन्दावती को मारने की कोशिश की थी उसका कुछ पता चला?'–रामबरन ने पूछा।

'अभी तो कुछ भी नहीं पता चला, तफ्तीश जारी है।...'

'ये सब जब मन्त्री जी को पता लगेगा तब तुम्हें कैसे बचाया जाएगा...? थोड़ी मेहनत करो और उस आदमी का पता लगाओ। चन्दावती बेक़सूर है उसको अपने रास्ते से हटाने के लिए शिवप्रसाद सब जतन कर रहा है। तुम शिवप्रसाद का साथ दे रहे हो। शिवप्रसाद से तुम्हारी कोई रिश्तेदारी नहीं है लेकिन तुम अपनी फीस बनाए जा रहे हो ये भी हम जानते हैं।...ऐसे हालात में जब नेता की छवि खराब होगी तो वो तुम्हें कैसे छोड़ देगा? निरहू जी ईमानदार छवि के नेता हैं। उन पर राजनीतिक दबाव बनाने का आरोप लग रहा है। मामला संगीन हो चुका है।...अब पुलिस सीता की रोल करने वाली चन्दावती के साथ न होकर शिवप्रसाद जैसे लफंगे के साथ है। गाँव-जवार के ज्यादातर लोग चन्दावती के साथ हैं। कानूनी तौर पर भी चन्दावती का उस घर-परिवार की जमीन-जायदाद में हक़ बनता है।...तुम चाहते हो कि इस दशा में हम तुम्हारा साथ दें?...हाँ, हमारा साथ चाहते हो तो मोटरसाइकिल वाले का पता लगाओ, शिवप्रसाद को चन्दावती की मौत की साजिश करने के अपराध में गिरफ्तार करो ...फिर आना मेरे पास मैं तुम्हारा साथ जरूर दूँगा।'

थानेदार जमीन ताकने लगा। उसके पास अब कोई उत्तर नहीं था। वह वहाँ से उठा और 'नमस्कार ठाकुर साहब' कहकर चल दिया।

पुलिस ने एक आदमी को चन्दावती के एक्सीडेंट वाले केस में गिरफ्तार किया था। उससे बयान दिलाया गया कि मोटरसाइकिल का ब्रेकवाला तार टूट गया था इसीलिए यह घटना घट गई। चन्दावती के खिलाफ साजिशवाली बात फिर दब गई थी। ये सब समाचार जासूसों के द्वारा शिवप्रसाद के पास पहुँच गए थे। अब सबके फैसले का इन्तजार था। शिवप्रसाद व छोटकऊ जानते थे कि फैसला चन्दावती के हक में आने वाला है।

उधर गाँव की तमाम स्त्रियाँ देवी दल में शामिल हो चुकी थीं। ममता, मीना और मीरा शंकर की तीनों लड़कियों ने अब चन्दावती की तरफ से मोर्चा सँभाल लिया था।

ममता अध्यापिका थी और मीना शिक्षामित्र, मीरा ने कुन्ता बुआ की दुकान सँभाल ली थी। इसलिए गाँव के प्रत्येक घर से उन तीनों का किसी-न-किसी रूप में सम्बन्ध बन गया था। वह तीनों बहुत परिश्रमी थी। गाँव में ऊँची जातियों के ज्यादा घर नहीं थे। अब घरेलू काम या चौका-बर्तन, झाड़ू-पोंछा करने वाली स्त्रियाँ अब दौलतपुर में आसानी से नहीं मिलती थीं। इस राजनीति का ऐसा गहरा असर दौलतपुर में पड़ा था कि लखनऊ में सरकार बदलते ही खेत-खलिहानों में पार्टियों और नेताओं के वादे किसान दोहराने लगते थे। तब यहाँ बसपा की सरकार थी तो हाथी और मायावती की फोटो अक्सर चमकने लगते थे। कई घरों के ऊपर नीले रंग के झंडे लहराने लगे थे। लाइट

आ गई थी पर आती केवल दस घंटे थी। गाँव में जानवर कम हो गए थे। दो विद्यालय बन गए थे, जिसमें एक सरकारी और एक प्राइवेट था। गाँव के सारे गलियारे पक्के हो गए थे। छप्पर लगभग ख़त्म हो गए थे। अब हर मोहल्ले में एक सरकारी चापाकल (बोर वाला नल) की व्यवस्था कर दी गई थी। प्रगति यह भी हुई थी कि लोग मिलकर अपने मुद्दों पर खुलकर बात करने लगे है। अधिकांश घरों में मोबाइल फोन भी हो गए हैं टेलीविजन भी हो गए हैं। गाँव के बच्चे टेलीविजन के विज्ञापनों वाली चीजों की फरमाइश करने लगे हैं। अब दातौन करने वाले लोग गाँव में कम हो गए थे। सब विज्ञापनों वाले सामान जैसे– साबुन, मंजन, साबुन, ब्रश, शैम्पू आदि का इस्तेमाल करते नजर आते थे। दुकानों पर यह सब चीजें बिकने लगी थीं, गाँव में गनी मियाँ सबसे अधिक सुखी थे, क्योंकि वह बढ़ईगीरी के अलावा दूध का कारोबार भी करते थे। उनके पास सात भैंसें थीं। पर्याप्त मात्रा में गोबर निकलता था। वो गोबर-गैस का इस्तेमाल करते थे। जब सारे गाँव की बिजली चली जाती तो भी उनके घर की बिजली जलती रहती। सब कहीं बिजली जाने से अँधेरा हो जाता था तो भी गनी मियाँ का घर दरवाजा चमन रहता था।

अब गनी मियाँ के दरवाजे पर बरामदे में कुन्ता बुआ, चन्दावती, मीरा, शंकर और देवी दल की तमाम स्त्रियाँ एकत्र थीं। सायंकाल का समय था। गाँव में लाइट चली गई थी। इसीलिए रोशनी होने के कारण यहाँ मीटिंग रखी गई थी कि बातचीत के समय चेहरे तो दिखाई दें। कुन्ता कहने लगी– 'जाओ भइया शंकर तनिक प्रधान रामफल को बुला लाओ क्योंकि कल उनको फैसले के समय हाजिर रहना है।'

'ठीक है बुआ।'

शंकर के जाने के बाद कुन्ता बोली– 'हमारी बात को गलत मत समझना, एक बात ध्यान से सुन लो–यह लड़ाई अकेले चन्दावती के हक़ की नहीं है। यह सभी औरतों के हक़ की लड़ाई है। सभी को यह समझना होगा कि पुरुष अकेले जमीन-जायदाद का मालिक कैसे हो सकता है? हम स्त्रियों का बराबर का अधिकार होता है। यहाँ पर तो चन्दावती के अधिकार की बात है। जो भी जमीन-जायदाद हनुमान दादा के नाम थी उस पर चन्दावती का अधिकार होगा। कल शायद मन्त्री निरहू जी आएँगे उनके सामने सब बातें सिलसिलेवार रखी जाएँगी।'

थोड़ी देर बाद प्रधान जी आ गए, औरतों की इस तरह एकजुट होने वाली मीटिंग उन्होंने पहली बार देखी थी। अपने गाँव की स्त्रियों की इतनी भीड़ देखकर वे चकित हो गए। उन्हें देखते ही कुछ स्त्रियाँ घूँघट डालने लगीं तो कुन्ता कहने लगी– 'देवी दल की मीटिंग में घूँघट नहीं चलेगा। जिसको घूँघट करना हो वह यहाँ से चली जाएँ।'

प्रधान जी बोले–'बिल्कुल ठीक कुन्ता दिदिया, अब जमाना बदल गया है, और फिर यह घूँघट तो गुलामी की निशानी है। हमारे गाँव की बहनें, बेटियाँ और बहुएँ सब बहुत समझदार हैं।'

कुन्ता पूछने लगी–अब यह बताओ भइया, ...कल क्या होगा?

'दिदिया बस लखनऊ से आज ही लौटा हूँ और यहाँ आकर सुना कि गाँव में बहुत कुछ घटित हो गया है। हमारी अनुपस्थिति में।'

'तुम्हीं देख लो, ये देखो चन्दावती बैठी है इसे छोटकऊ और शिवप्रसाद ने घर से निकाल दिया है।...बताओ इसका कसूर क्या था?'

'ये तो बहुत गलत हुआ, ...क्यों निकाला कुछ तो कहा होगा?'

कुन्ता ने व्यंग करते हुए पूछा– 'तुम्हें तो सब मालुम होना चाहिए?'

'नहीं दिदिया, ...तुम्हारी कसम हमें कुछ भी पता नहीं है।'

'बताओ चन्दावती बताओ, ...प्रधान भइया को तो कुछ भी मालूम नहीं है।'

चन्दावती बोली, 'दादा तेरही के दूसरे दिन ही शिवप्रसाद ने हमारा हाथ पकड़ कर घर से बाहर कर दिया और कहा जब हनुमान दादा नहीं रहे तो तेलिनेउ! हमारे घर में तुम्हारा क्या काम?'

'ये तो बहुत गलत हुआ।'–प्रधान ने चिन्तित लहजे में कहा।

'फिर जब हनुमान दादा के अखाड़े के पास देवी माँ की चौकी रखकर हमारे साथ गाँव की स्त्रियाँ धरना देने लगीं तो दूसरे दिन शिवप्रसाद व छोटकऊ दोनों ने पुलिस बुलवाकर हमको थाने भिजवा दिया।'

प्रधान बोले– 'आगे की तो सभी बातें हमको पता हैं। लेकिन ये बताओ चन्दावती, जब हम लखनऊ गए थे तो यदि दो दिन हमारा इन्तजार कर लेती तो ये सब नहीं होता।'

इन्तज़ार ...क्या कहते हो दादा? हम तो फोन ही मिलाते रहे तुमसे बात ही न हो पाई...फिर जो सब औरतों ने राय दी वही किया। कुन्ता बुआ जैसे-जैसे कहती रहीं मैं करती रही। अरे तीस साल तक जिस घर में रही उसी घर से मुझे एकदम से बाहर निकाल दिया गया, ...ये क्या इन लोगों ने सही किया? जिसे अबला समझकर घर से निकाल दिया गया, वह बेसहारा औरत आखिर क्या करती? अब आगे आप क्या मदत करेंगे यह तो बताइए?'

प्रधान ने निरीहता के स्वर में कहा– 'आगे क्या बताएँ अब हमारे हाथ में तो कुछ है नहीं। सुना है कल मन्त्री जी आएँगे तब फैसला करेंगे। पत्रकार, थानेदार, मन्त्री निरहू जी और गाँव के सभी स्त्री-पुरुष इकट्ठे होंगे वही सब मिलकर निर्णय करेंगे।'

'फैसला तो तुम्हें ही करना है।'–चन्दावती ने प्रधान की आँखों में झाँकते हुए पूछा।

'हम क्यों करेंगे?'

'तुम्हीं तो गाँव के प्रधान हो, अभी तक गाँव के सारे फैसले तो तुम्हीं करते आए हो... तो इस समय मन्त्री जी क्या करेंगे।'

चन्दावती के इस व्यवहार से प्रधान जी एकदम से सकपका गए। कहने लगे– ये बात नहीं है चन्दावती, ये सब हमारे सामने तो हुआ नहीं, तो हम फैसला कैसे करेंगे, फिर बात

बिगड़ जाएगी। तुमने पंच, थाना, अखबार और मन्त्री जी– सब तक ये बात पहुँचा दी हैं, तो देखो कल जो होगा वही होगा। हमारे हाथ में कुछ होगा तो हम तुम्हारी सहायता करेंगे।' सहायता नहीं चाहिए, बस– अब सही-सही फैसला करवा दीजिए। हम स्त्रियों का भी सम्मान होता है। जो कुछ भी जमीन हमारे पति के नाम पर थी बस वही हमें चाहिए। पूर्व दिशा वाले दो कमरे और हमारा बरामदा भी हमें चाहिए।... हमारी तो कट जाएगी लेकिन ये हमारी सहेलियों के लिए भी तो कुछ करना है। एक बात और समझ लो प्रधान जी कि तुम्हारी मर्जी के खिलाफ फैसला हमारे ही हक में होने वाला है। ये ठीक से समझ लो अब तुम्हारी प्रधानी दाँव पर लग गई है। कोई अपनी छाती पर जमीन लेकर नहीं जाता है मैं भी नहीं ले जाऊँगी... सब यही छूट जाएगा। लेकिन चाहती हूँ कि दौलतपुर की गरीब और बेसहारा औरतों के लिए रोजी-रोजगार की कुछ व्यवस्था हो जाए। ताकि उनको अपने घर के मर्दों के लात-जूते खाने के बाद भी उन्हीं मर्दों की तरफ टुकुर-टुकुर न निहारना पड़े, वे स्वावलम्बी बनें।'

चन्दावती के इन विचारों को सुनकर सभी औरतें बड़ी जोर-जोर से ताली बजाने लगीं। फिर कुन्ता बुआ ने तनिक मुस्कुराकर कहा–

'देवी दल की जय'। तो सभी ने उसी नारे को दुहराया। अब तो प्रधान रामफल का गला सूख गया था। उनके मुँह से कोई बोल नहीं फूटा, बस किसी प्रकार वो थूक निगलते हुए वहाँ से चलने लगे। उन्हें शायद औरतों की क्षमता का पता न था। चलते समय अपनी छड़ी उठाई और देवी दल की जय बोलकर चल पड़े। सचमुच उनको स्त्रियों की इस संगठन की ताकत का अन्दाजा न था। प्रधान के चलते समय जब उन्होंने 'देवी दल की जय' बोली तो सभी औरतों ने उस नारे को दोहरा दिया।

कुन्ता, मीरा और देवी दल की बहुत-सी औरतें वहाँ पर एकत्र थीं। प्रधान किसी प्रकार अपनी इज्जत बचाकर भागे थे। फिर आगे रधिया ने जो बताया वह तो बहुत चकित कर देने वाली बात थी। मीरा के इशारे पर कुन्ता बुआ के फटकारने पर रधिया ने बताया–'चन्दावती चाची की जान खतरे में है।'

'कैसे रधिया? थोड़ा खुलकर बताओ डरो नहीं, यदि तुम सच बात बताओगी तो हम तुम्हारे साथ हैं। और जो तुम झूठ बोलोगी तो भी शिवप्रसाद तुम्हें छोड़ेगा नहीं।'

शिवप्रसाद और विनोद हमारे आदमी की जान के दुश्मन बन जाएँगे, देखो वे लोग उसे जीने नहीं देंगे। हमको तो काम चाहिए ही चाहिए। काम करेंगे तो पेट भरेगा। काम चाहिए, पैसा चाहिए, इज्जत-विज्जत की हमें कोई चिन्ता नहीं है। हमारे परसादीलाल हमें जानते हैं। उसे बताकर जाती हूँ, जब अँधेरे-उजेरे शिवप्रसाद हमें बुलाते हैं। पहले एक-दो बार परसादीलाल ने थोड़ा एतराज किया तो हमने कह दिया देखो, हमारा शरीर है हम जो चाहेंगे करेंगे, तुमसे क्या मतलब? तुम्हारी तीमारदारी में कोई कसर रह जाती है तो बताओ? अब अपने शरीर के इन हगने-मूतने वाले अंगों पर तो हमारा हक बनता

ही है। बुआ, ठाकुरों, ब्राह्मणों के अलावा बस हमारा प्रसादी ही नीच जाति का है जिसके साथ सोती हूँ, जो ये सब पैसेवाले है इनसे ही हमारा काम चलता है। तुम्हारे हिसाब से ये सब करना गलत हो सकता है, मगर हमारे हिसाब से इसमें कोई बुराई नहीं है। गरीब आदमी अगर ब्राह्मण, ठाकुर जैसे कुलीनों की तरह इज्जत-विज्जत के बारे में सोचेगा तो भूख से ही मर जाएगा, नहीं तो पैसेवाले मार देंगे।'

'इसमें क्या अच्छाई है?'

'यदि इस काम में अच्छाई न होती तो तुम हमको यहाँ क्यों बुलातीं। अच्छाई यही है कि मैं आजाद हूँ। मेरे पति मेरे हिसाब से चलते हैं, जहाँ भी जाती हूँ उसे बता कर जाती हूँ। ये जितने विनोद और शिवप्रसाद जैसे लोग हैं इनकी बोलती हमारे सामने बन्द हो जाती है। इनकी सबकी क्या औकात है हमें पता है। यहाँ गाँव में जो भी औरतें यह लुका-छिपी का खेल खेलती हैं उनके बारे में भी हमें सब पता है। मगर हमसे ज्यादा कुछ न कहलवाओ। कहीं ये देवी दल संकट में न पड़ जाए? हमें सब पता है बुआ– कि चन्दावती चाची की कोई गलती नहीं है। लेकिन हम शिवप्रसाद के खिलाफ कुछ न कहेंगी। वो हमें जीने नहीं देगा।'

चन्दावती ने कहा– 'सुन रधिया! उनसे बचने का यही तरीका है कि तुम उनकी सारी योजना के बारे में हमें बताओ और जो हमारी जासूसी करती हो, वो अपने उसी ढंग से चालू रखो, देखो पैसे की चिन्ता मत करो। शिवप्रसाद और विनोद तुमको गलत काम के पैसे देते हैं। हम तुम्हें नौकरी या रोजगार या कुछ भी काम दिला देंगी। दौलतपुर में स्त्रियों का विद्यालय खुल जाए जिसमें औरतों की कमाई उनकी मेहनत की हो। हमारी बहनें, बेटियाँ यहीं गाँव में कढ़ाई, सिलाई या कालीन बनाने वाला काम या फिर और कुछ काम-धन्धा करने लगें तो हमारे गाँव की उन्नति होगी। हजारों तरह के काम हो सकते हैं। हमारी आँखों में तो दौलतपुर की कुछ और ही तस्वीर दिख रही है। तुम जो हमारे देवी दल की खबर शिवप्रसाद और विनोद को देती हो, देती रहो हमें कोई एतराज नहीं क्योंकि हमारे पास छिपाने वाला कुछ है ही नहीं। ये समझ लो कि हम सब स्त्रियों की एक ही जाति है हम सब स्त्रियाँ हैं। सब एक ही तरह की तकलीफ सहती हैं। सब एक प्रकार से अपना घर व सभी अपनों को जिनके साथ पली-बढ़ी हैं उन्हें छोड़कर दूसरे के घर आकर अपना स्थान बनाती हैं। सब एक ही प्रकार से बाल-बच्चे पैदा करती हैं। सब एक ही तरह पतियों से लातें व गालियाँ खाती हैं। तुमने सीता मैया के विषय में तो सुना होगा कि उनको राजा राम ने घर से निकाल दिया था। हमको तो हमेशा रामलीला में रावण ज्यादा अच्छा लगता था। इस संसार में हनुमान दादा जैसे नेक इन्सान बहुत कम ही मिलेंगे जिन्होंने अपने से नीच जाति की विधवा से प्यार किया और पूरे सम्मान के साथ घर में स्थान भी दिया। हमारी लड़ाई तो उसी मान-सम्मान की है जिसका हक उन्होंने दिया था। अपने उसी हक के लिए हम सबको लड़ना चाहिए। जो स्त्रियाँ अपना अधिकार माँगती हैं तो उन्हें कुलच्छिनी क्यों कहा

जाता है। रधिया! तुम शिवप्रसाद से डरो मत, तुम किसी की गुलाम नहीं हो। और अब अगर हमारी बात तुम्हें सही लग रही है तो तुम हमें शिवप्रसाद की योजना के बारे में बताओ।'

रधिया ने कहा– 'चाची तुम्हारी जान का खतरा है। कहीं बाहर से दो आदमी बुलाए गए हैं, उनसे कहा गया है कि मन्त्री जी के आने से पहले चन्दावती को लुढ़का दो। दो मुँह बाँधे जवान आदमी हैं। दोनों ही शायद गाँव में ही किसी के घर में छुपे हैं। कल शाम को दारू पीने-पिलाने के बाद शिवप्रसाद ने हमको बुलवाया था। बस चाची सावधान रहना। हमारी जान भी संकट में है और हमसे ज्यादा हमारे प्रसादी पर संकट है।'

'ठीक है रधिया–तुम जाओ और सँभलकर जाना।' कुन्ता ने इशारा किया, तो दो औरतें उसे कुछ रुपए देकर बाहर तक छोड़ आईं। काफी देर तक चन्दावती के सुरक्षा की योजना बनती रही। कुन्ता, मीरा और रजाना ने यह निश्चित किया कि चन्दावती को जरा-सी भी देर के लिए अकेले न छोड़ा जाए। इस सभा में कोई पुरुष न था। यहाँ पर जितनी भी स्त्रियाँ थीं उनमें ठाकुरों, ब्राह्मणों के घर की स्त्रियाँ शामिल न थीं। धीरे-धीरे अब गाँव की पैंतालीस स्त्रियाँ इस देवी दल में सम्मिलित हो गई थीं।

कुन्ता बुआ गाने लगी–

गीत

'गुइयाँ मोरी डटि के रह्यो।
गुइयाँ मोरी बचि के रह्यो।
दर्द अपन आपस में खुलि के कह्यो।।
रोटी कपड़ा लइके सब कुछ करवायो
आदमी की जाति मुला समझि नहीं पायो
खेत समझि जोति जाए अँधेरे उजेरे
तुम चुप्पे चाप सब सह्यों।।...गुइयाँ मोरी
सुखु लूटै दुख दै के निकर जाए आगे
मनई की जूठन माँ तोर भाग जागे
नौ महीना पीर सहौ, देही कुटवाओ
मुँह काहे बाँधि के रहौ?। गुइयाँ मोरी...
(सखी मेरी डटके रहो
सखी मेरी बच के रहो
दर्द अपना आपस में खुल कर कहो।
रोटी कपड़ा लेकर तूने सब कुछ करवाया
आदमी जात को समझ नहीं पाई
खेत समझ जोत लिया अँधेरे उजेरे
तुम क्यों सब कुछ चुपचाप सहो।

सखी मेरी ...
सुख लूट के दुख देकर निकल जाए आगे
ऐसे पति की जूठन खाकर तेरा भाग्य जागे
नौ महीने दर्द सहा देह को कुटवाया
बिना बोले उसके सब जुल्म क्यों सहो
सखी मेरी...)।

कुन्ता बुआ के इस गीत में न जाने कौन-सी शक्ति थी कि सभी औरतें बड़ी लगन के साथ इस गीत को गाने लगीं। फिर उसे बार-बार दोहराती भी रहीं। अब सचमुच में देवी दल की सभी स्त्रियाँ निडरतापूर्वक रहने लगी थीं। अभी एक सप्ताह ही हुआ होगा इस बदलाव में। कुन्ता बुआ, चन्दावती और मीरा औरतों की पढ़ाई-लिखाई और जागरूकता की बातें तो पहले से ही किया करती थीं। लेकिन इस एक सप्ताह में अधिकांश स्त्रियाँ यहाँ आकर एकत्र हो गई थीं यह बड़ी बात थी। मीटिंग के बाद धीरे-धीरे सभी स्त्रियाँ अपने-अपने काम-धन्धे पर चली गईं, सबके मुँह पर यही गीत चल रहा था–

गुइयाँ मोरी डट के रहो।
गुइयाँ मोरी बच के रहो।

आज फिर प्रदीप का फोन मीरा के पास आया। प्रदीप और मीरा का आपस में प्रेम पनपने लगा था। मीरा ने प्रदीप को सब हाल बताया, वह सब सुनता रहा और फिर बोला–

'मीरा अब हम-तुम एक हो जाएँ तो कैसा रहेगा? पहले अपने दादा से तो पूछ लो-वो तैयार होंगे? –तेलिन की बेटी से तुम्हारे ब्याह के लिए।'

'उनकी चिन्ता क्यों करती हो, तुम हमारे लिए चन्दावती शुक्लाइन दादी की भतीजी हो। यहाँ लखनऊ में जाति-बिरादरी से कोई मतलब नहीं रहता है। हमारा-तुम्हारा प्रेम है बस। दादा से हम निपट लेंगे।'

'इतना आसान नहीं होगा बुजुर्गों को समझाना। समय लगेगा।'–मीरा ने टालते हुए कहा।

'तुम तैयार हो तो बताओ'...

'अभी देवी दल की लड़ाई जारी है। तुम्हारी ये बातें बाद में सोची जाएँगी। इस लड़ाई में प्रधान दादा हमारे साथ नहीं हैं।'

'तुम चिन्ता क्यों करती हो वह हमारे दादा हैं, हम उन्हें जानते हैं। इस लड़ाई में वे किसी के साथ नहीं हैं। वे मौका देखकर करवट लेते हैं। परेशान मत हो, वो अपनी चालों से खुद ही मात खा जाएँगे।'

'ठीक है, अब फोन रखो'।

रख दे, तुम ही कह रही हो तो ...

प्रदीप के फोन के बाद मीरा बहुत देर तक मन-ही-मन मुस्कराती रही।

चन्दावती पर हमला

मन्त्री जी की अगवानी करने वाले गाँव के बहुत लोग एकत्रित थे। प्रधान रामफल ने अपने दरवाजे पर शामियाना लगवा दिया था। मन्त्री जी के लिए तख्तों के ऊपर सोफा लगा दिया गया था। चमकदार सुन्दर दरी और कालीन टेंटवाले के यहाँ से मँगा कर बिछाए गए थे। अब दौलतपुर में सब चीजें मिलने लगी थी। जो सामान नहीं मिलता था वह सब आस-पास में फोन द्वारा मँगवा लिया जाता है। सबके पास सब साधन थे अगर वहाँ कमी थी तो बस शिष्टाचार और प्रेम की। भाईचारा बहुत कम होता जा रहा था। समझदार नौजवान शहरों की तरफ भागने लगे थे। शहरों में रोजी-रोजगार के साधन अधिक होते हैं। यहाँ खेती-किसानी में मेहनत अधिक और कमाई कम होती है। मन्त्री जी की अगवानी के चक्कर में सुमेरपुर तथा आस-पास के गाँवों के तमाम लोग एकत्रित हो गए थे। तमाम पुलिसवाले– ग्राम प्रधान, दरोगा, विधायक और छोटे-मोटे नेता, आस-पास के सरकारी कर्मचारी विशेष रूप से ब्लॉकवाले और उस क्षेत्र के सभी आम व खास लोग मीटिंग वाले स्थान पर पहुँच गए थे। इसी बीच में पत्रकार रामबरन सिंह अपने दो साथी पत्रकारों के साथ अपनी गाड़ी से पहुँच गए थे। मन्त्री जी ने ग्यारह बजे का टाइम दिया था। रामफल ने हाथियोंवाली पाँच सौ झंडिया और चार बैनर लगवा दिए थे। बैनरों पर निरंजन प्रसाद निरहू और बहन जी की फोटो छपी थी और उन पर बहन जी जिन्दाबाद, निरंजन प्रसाद निरहू जिन्दाबाद। पार्टी के तमाम कार्यकर्ता इस अवसर के लिए एक दिन पहले शाम से ही वहाँ पर आकर सब देखभाल करने में जुट गए थे। लाउडस्पीकर पर 'यह देश है वीर जवानों का अलबेलों का मस्तानों का इस देश के यारो क्या कहना', वाला गाना चालू था।

शिवप्रसाद के आदमी चन्दावती की ताक में लगे हुए थे। विनोद की छत पर होकर वह हत्यारे रात में ही कुन्ता के घर की छत तक पहुँच चुके थे। चन्दावती, कुन्ता के घर पर ही थी। वहाँ रजाना, मीरा, कुन्ता के अलावा दो और औरतें लाठी लिये निगरानी पर थीं। ढोल मँजीरा की ताल पर देवी दल की नारेबाजी चालू थी।

'गुइयाँ मोरी डट के रहो,
गुइयाँ मोरी बच के रहो...'

के स्वर सुनाई दे रहे थे। इसी बीच रधिया चन्दावती के पास आई और बताने लगी– 'चाची, मीरा की जान खतरे में है।'

क्या हुआ, अभी तो मीरा यहीं थी। कुन्ता बुआ के साथ में, 'बुआ मीरा कहाँ है?'

'क्या हुआ' मीरा को चन्दा और कुन्ता ने पूछा

'अभी तो कुछ नहीं हुआ है।'

'बुआ देखो', चन्दावती ने रधिया की तरफ इशारा करते हुए कहा।

'अब क्या हुआ मरी...?'

'अभी तो कुछ नहीं हुआ है बुआ, पर आगे कुछ हो सकता है। यह चिट्ठी पढ़ लो और मेरी राय मान लो और जो कुछ इस चिट्ठी में लिखा है वैसा ही करो।'

चन्दावती चिट्ठी पढ़ने लगी, इस समय उसके पास कोई और स्त्री न थी। उसमें लिखा था कि 'हम अपने-आप घर से बाहर निकल आई थीं, हमको किसी ने निकाला नहीं। हम बिना किसी शर्त के समझौता करने को तैयार हैं। हनुमान दादा की सारी जमीन-जायदाद अपने भतीजे शिवप्रसाद के नाम करवाना चाहती हैं। छोटकऊ और शिवप्रसाद से हमारा समझौता हो गया है। हम अपनी सारी शिकायतें वापस लेती हैं।

यह जो भी शिकायतें हमने की थीं वह सब कुन्ता बुआ के बहकावे पर की है। इस देवी दल को बनाकर वह नेता बनना चाहती हैं। बगल की कोठरी में सभी स्त्रियाँ भजन-गीत गाने में मग्न थीं। चन्दावती ने चिट्ठी पढ़ी, रधिया कहने लगी, चाची—इस कागज़ के नीचे अपने दस्तखत कर दो।

इन झूठ-मूठ के कागज पर मैं अपने हस्ताक्षर कैसे कर दूँ, रधिया?

'चाची—इसमें जो लिखा है वही करो। मन्त्री जी के सामने जमीन के हकवाली बात न करना। हमसे यही कहा गया है। मीरा उनकी कैद में है, वह तुमसे जोर-जबरदस्ती से राजीनामे पर दस्तखत करवाना चाहते हैं। समझो कि यह भी एक प्रकार हमला किया गया है।'

'ठीक कहती हो अब यह बता रधिया कि मीरा की जिन्दगी क्या सचमुच खतरे में है?

'हाँ चाची।'

'तो हमको क्या करना चाहिए।'

'जो चिट्ठी में लिखा है वही करो।'

'जो हम शिवप्रसाद के कहने पर न चले तो क्या होगा?'

'चाची मीरा बेचारी मार दी जाएगी, उनके कब्जे में है।'

चन्दावती ने उस कागज पर दस्तखत कर दिया और फिर रधिया से बोली—

'हमने उनकी बात मान ली है और लेकिन जब मीरा हमारे पास आ जाएगी, तभी ये कागज उन्हें मिलेगा। जाओ शिवप्रसाद से कह देना कागज लेना है तो मीरा को हमारे पास सही-सलामत भेज दे।'

'जरा रुक रधिया।' कहकर कुन्ता ने चन्दावती के कान में कुछ कहा फिर चार

औरतों को बुलाकर कहा– 'रधिया को कब्जे में कर लो।' रधिया को उन चारो ने एक कुर्सी में रस्सी से बाँध दिया फिर उस कुर्सी को खिड़की के जँगले में कस कर रस्सी से बाँध दिया जिससे रधिया भाग न सके।

'चलो अब जो होगा देखा जाएगा। अब थोड़ी देर सो लिया जाए चन्दावती।'

थोड़ी देर में शिवप्रसाद का नौकर आया, उसने पूछा– 'बुआ रधिया यहाँ हो तो भेज दो उसे शिवप्रसाद दद्दू ने बुलाया है।'

'हाँ है तो रधिया मगर हमारी कैद में है वो दहिजरउ ने जो कागज दिया है वह भी हमारे पास है। उनसे कह देना कि यदि वे अपनी कुशल चाहते हैं तो मीरा को हमारे पास भेज दे। नहीं मन्त्री जी के सामने हम ये कागज और रधिया को एकै साथ पेश करेंगे। वहाँ स्टेज पर सभी लोग मौजूद होंगे, पुलिस तो होगी ही होगी।'

शिवप्रसाद के नौकर को चन्दावती ने आगे भी डरा दिया– 'कह देना हमारे भतीजे से कि अब जितने घोड़े खोलना हो खोल ले। क्योंकि अभी मन्त्री जी से बात की है। थोड़ी देर में तुम भी तमाशा देखना, पूरा गाँव तमाशा देखेगा।'

'थोड़ी देर में क्या होगा।'

'अभी देखना, शिवप्रसाद और छोटकऊ की जाँघिया उतारी जाएगी। सबके सामने नंगे किए जाएँगे,' कह देना शिवप्रसाद से कि अगर मीरा को कुछ हुआ तो गंगा कसम हम अपने गड़ासे से शिवप्रसाद और जो कोई भी सामने आएगा उसको काटकर फेंक देंगे। ये कुन्ता अकेले काफी है ऐसे नामर्दों के लिए।

देवी दल की औरतों ने रात-भर गा-बजाकर सबेरा कर दिया था और चन्दावती को तो मीरा की चिन्ता में नींद नहीं आई थी। कुन्ता बुआ सबेरे सबसे पहले ही तैयार हो गई थी। प्रसादी अपनी पत्नी की खोज-खबर लेने कुन्ता के घर पहुँच गया था।

'आओ प्रसादी भैया, तुम तो अच्छे आदमी हो पर यह तुम्हारी औरत बहुत गलत आदमी के साथ है, उसको तुम कहाँ तक बचा पाओगे?'

'क्या करूँ बुआ, इसके सारे कारनामे हमको पता हैं। औलाद नहीं है तो ये ऐसी-वैसी मुँह मारने लगी है।'

कुन्ता ने प्रसादी को अन्दर बुला लिया फिर सब रात वाली बात बताई। रधिया से उसकी मुलाक़ात भी करवा दी। तब प्रसादी ने रधिया से पूछा–

'बता– मीरा कहाँ है?'

'इस बुढ़िया ने हमको बाँधा है तुम इसकी मदत करना चाहते हो?'

'अरे कुंता बुआ को बुढ़िया कह रही है– भतारकाटी?'

'तो और क्या ये जवान है? हमने तो पहले ही इसको बहुत कुछ बता दिया है अब मीरा कहाँ है यह बात हमें क्या पता...?

'चुप कर, छुतेहर।'

कुन्ता ने प्रसादी से सन्देश भिजवाया– 'अगर मीरा मन्त्री जी के सामने मंच पर आ जाएगी तो शिवप्रसाद जो चाहता है चन्दावती वही करेगी। और अगर मीरा जो मन्त्री जी के आने से पहले न आई और उसको यदि कोई तकलीफ हुई तो फिर शिवप्रसाद की कोई खैर नहीं। क्योंकि एक सबूत के तौर पर रधिया हमारे पास है। तुम चिन्ता न करो हम रधिया का पूरा ध्यान रखेंगी।'

प्रसादी फिर अपनी बीबी को समझाने लगा– 'बता दे रधिया, नहीं तो पुलिस वाले जब डंडा चलाएँगे तब उनसे सब कुछ बताना पड़ेगा। वो कौन दशा करेंगे, ये तुम नहीं जानती हो। तब न शिवप्रसाद बचाने आएगा, न छोटकऊ महाराज बचा पाएँगे, हमारी तो औकात ही क्या?...'

जब रधिया ने कोई जवाब नहीं दिया तो इतना कहकर प्रसादी चला गया।

रधिया रोने लगी, इसी बीच में सब तरफ शोर मच गया, मन्त्री जी आए, मन्त्री जी आए। निरहू आ गए। कुन्ता ने कहा अभी नौ बजा है। देवी दल की सभी स्त्रियाँ रात-भर गा-बजाकर शिथिल हो गई थीं और अब थोड़ी देर घर का काम-धन्धा समेटने चली गई थीं। फिर ग्यारह बजे सबको मन्त्री जी की सभा में देवी दल के साथ पहुँचना था।

कुन्ता की बाहरवाली कोठरी में चन्दावती और कुन्ता बैठी थीं। इसी समय एकाएक न मालूम कहाँ से बुर्के ओढ़े दो औरतें कमरे में घुस आईं। जब तक कुन्ता उनसे कुछ कहे तब तक उन दोनों ने कुन्ता और चन्दावती की छाती पर रामपुरी चाकू रख दी। दोनों के पास एक ही तरह के बड़े-बड़े चाकू थे। पहले उन्होंने कुन्ता और चन्दावती दोनों के मुँह में कपड़ा ठूँस दिया। रधिया कोने की तरफ बँधी थी शायद उन्होंने उसे नहीं देखा। मारे डर के रधिया के मुँह से आवाज तक नहीं निकली, उसकी घिग्घी बंध गई थी। वह चुप-चाप सब देखती रही। बुर्केवाली दोनों बड़ी तेज-तर्रार थीं। दनादन उन्होंने अपना काम किया और निकल लीं। पहले उन्होंने दोनों के हाथ बाँधे और बस देखते-ही-देखते चन्दावती और कुन्ता दोनों की गर्दन काटकर दोनों बुर्केवालियाँ बाहर निकल गईं। न उन मुसलमानियों ने कुछ कहा न कुछ बोलीं बस दो मिनट में भाग गईं। जब वह दोनों चली गई तब रधिया की आवाज निकली। उसकी घिग्घी खुल गई। खून बहते देखकर खिड़की में बँधी रधिया चिल्लाने लगी, खून-खून सुनकर आस-पास के लोग जो वहाँ पर थे सब दौड़े और हप्पा दैया मच गया। देवी दल की औरतें जो वहाँ उपस्थित हो गई थीं वह चिल्ला-चिल्ला कर रोने लगी। कुछ के मन में भय समा गया था और कुछ तो बिल्कुल हक्का-बक्का रह गई थीं।

गाँव-भर में यह खबर जंगल में आग की तरह फैल गई थी–जितने मुँह उतनी बातें।

जिसको देखो वही इस हमले का वर्णन करने में अपनी-अपनी तरह की कहानी गढ़ने लगा। प्रसादी रधिया के लिए परेशान था। अब गाँव के सभी आदमी-औरत कुन्ता के दरवाजे पर खड़े थे। पुलिसवाले तो गाँव में पहले से ही उपस्थित थे। वहाँ झटपट

पहुँच गए। प्रसादी ने जब प्रधान जी को सूचना दी तो छोटकऊ और शिवप्रसाद ने कहा–लाउडस्पीकर बन्द कराया जाए दादा?

रामफल ने समझाया– 'नहीं..., पगला गए हो क्या? यहाँ जो चल रहा है चलने दो, चलो हमारे साथ'

'हम?...हमारा चलना ठीक रहेगा?'–छोटकूऊ ने पूछा।

'तुम भी चलो शिवप्रसाद को भी ले चलो, सब लोग चलो। ... तुम्हारी तो भौजाई थी।'

'ठीक कहते हो दादा।'

'बस अब सावधानी से काम करना है रधिया की गवाही से सब साफ हो जाएगा। तुम डरो नहीं इसमें तुम्हारी कोई गलती नहीं है। अब मीरा को छोड़ दो। अब तक उसका नशा उतर गया होगा। रधिया का ध्यान रखना। उसको वहाँ से तुरन्त हटाना होगा।

पुलिस, पत्रकार, प्रधान और आस-पास के गाँवों के सब आम-खास लोग वहाँ एकत्र हो गए थे। एक पुलिसवाले ने रधिया की रस्सी खोली तो वह वहाँ से हाथ-मुँह धोने के बहाने से निकल गई। एक पुलिसवाला भी उसके साथ हो लिया।

उधर शिवप्रसाद उसका इन्तजार कर रहे थे। पुलिसवाला जहाँ उसको हाथ-मुँह धुलाने ले गया, शिवप्रसाद वहाँ पहले से ही मौजूद था। उसने रधिया से दो-चार बातें कीं और वहाँ चला गया।

थोड़ी ही देर में दरोगा और सारे पुलिसवाले घटना स्थल पर पहुँच गए। देवी दल की सारी स्त्रियाँ चिल्ली-तड़ाप मचाने लगीं। पत्रकार भी मौके पर मौजूद थे। दवा खाने से डॉक्टर आनन-फानन में बुलवाए गए। उन्होंने चन्दावती का दो मिनट तक निरीक्षण किया और फिर कुन्ता को देखा। प्रधान जी ने पूछा–

'क्या हुआ डॉक्टर?'

सब ख़तम हो गया, कुन्ता को डिस्पेंसरी तक ले चलो, अभी इनकी साँस चल रही है शायद कुछ हो पाए? पत्रकार रामबरन की गाड़ी में दोनों को डिस्पेंसरी तक ले जाया गया। वही गाँव में ही डिस्पेंसरी थी। इस समय प्रधान जी छोटकऊ और शिवप्रसाद सब साथ में ही थे। मीरा नशे की हालात में अपने घर पहुँची थी। उसको सब समझाया गया। रजाना और शंकर डिस्पेंसरी में थे। मीरा को मीना और ममता ने सँभाला। मीरा की आँखें लाल हो गई थीं और उसके मुँह से आवाज नहीं निकल रही थी। न मालूम कौन-सा नशा उसे दिया गया था कि उसकी आवाज चली गई थी।

ममता ने उसे पकड़कर ठंडे-ठंडे पानी से खूब नहलाया। तो कुछ-कुछ चैतन्यता आई परन्तु वह फिर चारपाई पर गिर पड़ी जैसे मानो उसको भाँग-धतूरा पीसकर पिलाया गया हो। उधर चन्दावती और कुन्ता पर जानलेवा हमला हुआ और इधर मीरा का ये हाल हो गया। कुन्ता, चन्दावती और मीरा तीनों पर ये हमला सोची-समझी चाल के अनुसार

किया गया था। यही तीनों ऐसी थी जिनके समझाने पर गाँव की स्त्रियाँ चल पड़ी थीं। डिस्पेंसरी में दरोगा ने पूछा कि इस हमले में किसका हाथ है तो शंकर और रजाना ने साफ-साफ कह दिया कि सब छोटकऊ और शिवप्रसाद ने करवाया है।

प्रधान जी ने शंकर को समझाने का प्रयास किया–

'शंकर भइया, जरा सोच-समझ लो इतनी जल्दी न करो। आपस में झगड़ा-लड़ाई तो घर-घर होती है परन्तु अभी दौलतपुर में इतना साहस किसी में नहीं है कि एकदम से दो-दो खून कर डाले। तुम अभी परेशान न हो तनिक समझदारी से काम लो।'

शंकर बोला– 'सारा गाँव जानता है प्रधान दादा कि यह सब किसकी चाल है? किसने मरवाया है हमारी चन्दा को? कुन्ता बुआ तो बस केवल उसका साथ दे रही थीं इसके लिए वो भी मार दी गयीं। हमारी मीरा रात-भर से गायब है इसमें शिवप्रसाद के अलावा और किसकी चाल है? चलो गाँव के और लोगों से भी पता कर लो।'

पत्रकार रामबरन बोले, 'चन्दावती पर यह पहला हमला नहीं था इससे पहले दो बार और उस पर हमले हो चुके हैं। हमारी जवार में इस तरह औरतों पर जानलेवा हमला पहले कभी नहीं हुआ। आदमी अपनी औरतों को मारा-पीटा करते हैं। लड़ाई-झगड़ा घर-घर होता है। स्त्रियाँ अपने एक पति को छोड़कर दूसरे पुरुष के घर बैठ जाती थीं– तब भी इस तरह का जानलेवा हमला कभी नहीं हुआ, न ही कभी सुना। क्यों हो दरोगा तुम तो सब जानते हो?'

'हाँ ठाकुर साहब आप ठीक कहते हैं।'

'तो दरोगा साहब अपनी कार्रवाई शुरू कीजिए। जिन पर शक है उनको गिरफ्तार करो।'

'हाँ ठीक है, चलो छोटकऊ और शिवप्रसाद दोनों थाने चलो।'

प्रधान जी बीच में रोककर कहने लगे, – 'देखो भइया, मन्त्री जी के आने का समय हो गया है। हमारे गाँव का दुर्भाग्य देखो कि पहली बार ग्रामीण विकास मन्त्री आ रहे हैं और यहाँ यह इतनी बड़ी दुर्घटना घट गई।'

गाँववालों से बात करते हुए पत्रकार रामबरन ने कहा–

'घटना नहीं घटी है, यह सोची-समझी चाल है। जरा पता करो कि गाँव में मुसलमानों के कितने घर हैं। कितनी बुर्केवाली औरतें हैं। वह कौन थी जो बुर्का पहने देखी गई हैं। पता करो कि रधिया कहाँ है? वह तो वहीं थी जब यह घटना घटी है।'

रोती-चिल्लाती गाँव-भर की तमाम औरतें अब डिस्पेंसरी के सामने जमा हो गई थीं रामबरन उनसे बातें करके अखबार के लिए कहानी बनाने लगे।'

•

निरहू का आगमन

कई गाड़ियों का काफिला था। अन्य गाड़ियों के अलावा मन्त्री जी के काफिले में तीन कारें थीं। जिसमें एक चमचमाती हुई सफेद रंग की अम्बेसडर कार, जिसके ऊपर लाल बत्ती लगी हुई थी। उसी में भरी बन्दूकें लिए पुलिसवाले बैठे थे और पिछली सीट पर मन्त्री जी बैठे थे। दूसरी में कुछ और नेता थे। सब कारें एक ही स्पीड से गगनाती हुई एकदम सही स्थान पर पहुँच गई थी–जहाँ मंच बना था। लाउडस्पीकर अभी भी बज रहा था। पहले उनके सिपहसालार उतरे, फिर अर्दली ने लपककर मन्त्री जी की कार का दरवाजा खोला। अपनी धज और ठसक के साथ मन्त्री जी मंच की तरफ बढ़ गए। उनको देखकर लाउडस्पीकर बन्द हो गया था। दरोगा जी ने आगे आकर सलामी दी, फिर प्रधान जी आगे बढ़े, उनके साथ पत्रकार रामबरन भी आगे बढ़े। रामफल को मन्त्री जी पहले से जानते थे। टेलीविजन वाले, अखबार वाले रिपोर्टर निरहू की खबर के लिए उनके साथ ही थे। उन्होंने अपने कैमरे चालू कर दिए थे। मन्त्री जी ने पूछा– 'कहो प्रधान जी क्या हाल है?

'क्या बताएँ साहब यहाँ बड़ा अनर्थ हो गया है।'

'क्या हुआ?'

'साहब अभी दस मिनट पहले चन्दावती की हत्या हो गई।'

'क्या कहते हो? प्रधान जी।'

'हाँ साहब, पता नहीं कहाँ से दो मुसलमान औरतें बुर्का ओढ़ के आईं और कुन्ता के घर में घुसकर कुन्ता और चन्दावती दोनों की गर्दन काटकर चटपट वहाँ से रफूचक्कर हो गईं।'

'ये सब हम क्या सुन रहे हैं दरोगा साहब?... आखिर तुमने अपनी चाल दिखा ही दी।'

'नहीं साहब हम सबेरे से यहीं तैनात हैं, दो सिपाही लगातार गश्त कर रहे थे।'

'तो क्या फायदा हुआ? तुम्हारे सामने दो बुर्कावालियों ने बहन चन्दावती की हत्या कर दी, कुन्ता बुआ को भी मार दिया और निकल भी गईं, और तुमने उनके भागने में सहायता भी की।'

'नहीं साहब।'

'एस. पी. साहब, हमको एक घंटे में सही रिपोर्ट चाहिए।' थानेदार को अभी सस्पेंड

करो और जो अपराधी हैं शाम तक उनकी भी गिरफ्तारी हो जानी चाहिए। चलिए मौके पर हमको ले चलिए।'

प्रधान रामफल मन्त्री जी को कुन्ता बुआ के घर ले गए, उनके साथ रामबरन और गाँव के सब ख़ास-ख़ास आदमी भी मौके पर पहुँच गए थे। वहाँ देवी दल की सभी औरतें एकत्र थीं, सब चिल्लाकर रो रही थीं। कुन्ता की दूकान के बगल वाले कमरे में कुन्ता और चन्दावती दोनों की हत्या हुई थी। पूरा कमरा खून से भरा था। दो पुलिसवाले कमरे के सामने तैनात थे। कमरे में एक कुर्सी पर रस्सी लपेटी थी। टी.वी. रिपोर्टर बड़ी बारीकी से एक-एक चीज की फोटो खींच रहे थे। निरहू जी ने पूछा—इस रस्सी से कौन बँधा था?

'साहब इस रस्सी से एक औरत बँधी थी उसका नाम रधिया है।'

'वो कहाँ है?'

'उसको गिरफ्तार कर लिया गया है।'

'ठीक है, और जो दूसरी पार्टी है?'

'चन्दावती के देवर छोटकऊ और उनका लड़का शिवप्रसाद वो भी गिरफ्तार कर लिया गया है। सबसे पूछताछ की जाएगी।'

'प्रधान जी! ये सब क्या हो रहा है तुम्हारे गाँव में?—रामफल चुपचाप सर झुकाए खड़े रहे।

रामबरन ने आगे बढ़कर अपने कैमरे से आठ-दस फोटो खींच ली।

आपका क्या परिचय है? निरहू ने पूछा—

'हमारा नाम है ठाकुर रामबरन, हम पत्रकार हैं।'

'पहले की वह खबर क्या आपने ही बनाई थी।'

जी मन्त्रीजी हमीं ने वह खबर बनाई थी। मन्त्री जी यदि आज्ञा हो तो हम कुछ कहना चाहते हैं।'

'आओ जरा हमारे साथ एक ओर आओ।'

टी. वी. वाले भी मन्त्री जी के पीछे दौड़े तो निरहू जी ने डाँटते हुए कहा, 'हमारे पास क्या रखा है उधर जाओ, जनता से बात करो। हमें इनसे कुछ आवश्यक बातें करनी हैं। हमें कोई डिस्टर्ब न करें।'

निरहू जी ने अपने पी.ए. की तरफ इशारा किया तो वह समझ गया। रामबरन मन्त्री जी के पीछे चल दिए। दोनों लोग एक कार में बैठकर बात करने लगे। रामबरन ने चन्दावती का पूरा किस्सा बताया, साथ में यह भी बताया की कुन्ता और चन्दावती दोनों यहाँ स्त्रियों को जागरूक करने का काम करती थीं। चन्दावती ने देवी दल की स्थापना की थी और कुन्ता उसकी ढाल की तरह थी। इसीलिए दोनों को इन लोगों ने मार दिया। अब मीरा बची है, उसको शायद शिवप्रसाद ने धोखे से कोई नशीली चीज

खिला दी इसलिए वो अभी डिस्पेंसरी में है। डॉक्टर ने उसकी हालत सही बताई है। सारी बातें सुनकर मन्त्री जी ने पत्रकार महोदय से पूछा–

'आपकी समझ में अब क्या होना चाहिए कि हमारी बदनामी न हो। क्योंकि मैं अभी नया-नया राजनीति में आया हूँ। गाँव में शान्ति बनी रहे। आपकी छापी हुई ख़बर से बहन जी बहुत नाराज हैं। हुआ यह कि हमारे ऑफिस में यहाँ के प्रधान रामफल ने थाने में फोन करवाया था। अब क्या बताएँ बहुत से कार्यकर्ता आया करते हैं, मैं सबको तो पहचानता नहीं हूँ। परन्तु मेरा पी.ए. ले-देकर सब के हिसाब से फोन कर देता है। आपकी खबर के बाद उसको हटा दिया है। किसी प्रकार बहन जी को मनाया है। अब बताओ क्या करें? आप जैसा कहें वैसा किया जाए।

'मन्त्री जी मैं पत्रकार हूँ और आप नेता हैं। मेरा काम है जो कुछ अच्छा-बुरा हो रहा है उसको जनता के सामने लाना, आपका काम है सरकार चलाना और जनता को अच्छी व्यवस्था देना। यहाँ प्रधान रामफल चाहते तो शायद यह दुर्घटना न हो पाती। मगर मुझे ऐसा लगता है कि शायद यह भी इस साजिश में शामिल हैं।

'यही तो ...बिना प्रधान के सहयोग के अकेले इन लरबहने ब्राह्मणों का साहस थोड़े ही है। अब मुझे आपका सहयोग चाहिए।'

देखिए चन्दावती हनुमान दादा की विधवा थी। क्षेत्र में उनका बड़ा सम्मान था, चन्दावती केवल उनकी विधवा नहीं वरन् वह अब स्त्रियों की लीडर बन गई थी। प्रधान जी उससे घबरा गए थे। छोटकऊ को और शिवप्रसाद ने तो उनकी जायदाद हथियाने के चक्कर में यह सब करवाया है। प्रधान को तो अपनी प्रधानी की चिन्ता हो गई थी कि कहीं चन्दावती प्रधान न बन जाए। ये आप ठीक कह रहे हैं, तो क्या प्रधान को भी अन्दर करवा दिया जाए।' मन्त्री जी, कानून अपने हिसाब से काम करेगा। हमारी राय तो यह है कि अब यहाँ आए हैं तो एक शोकसभा कीजिए, फिर गाँववालों के सामने देवी दल की सभी स्त्रियों से सब बातें पता कर लीजिए। वो दोनों बुर्कावाली हत्यारिनों का पता लगवाने का वादा कीजिए। उनको कड़ी-से-कड़ी सजा दिलवाने का आश्वासन दीजिए। फिर इस षड्यन्त्र में जो जो शामिल हों उन सबको भी सजा दिलाने का इन्तजाम कीजिए। मीरा, ममता सब पढ़ी-लिखी लड़कियाँ हैं। मीरा पढ़ी-लिखी है यह तीनों चन्दावती की भतीजी हैं। इनसे देवी दल की माँगें पूछ लीजिए। आप यदि यह सब करेंगे तो मैं भी आपके हिसाब से ठीक-ठीक खबर बना दूँगा।'

'यही तो मैं भी चाहता हूँ कि औरतों पर अत्याचार बन्द हो, उनका शोषण न हो तथा उनकी उन्नति हो।'

'हम भी यही सब चाहते हैं मन्त्री जी, क्योंकि मुझे तो यहीं सबके साथ रहना है।'

मैं किसी के खिलाफ नहीं हूँ। चलो पहले देवी दल की माँगें पूछ ली जाए।

'चलिए ठीक है।'

मन्त्रीजी ने कार से उतरकर अपने अर्दली को समझाया कि आनन-फानन में सभा की व्यवस्था की जाए। उसने प्रधान जी से कहा। तुरन्त गाँव में एक जनसभा की व्यवस्था की जाए। इसी समय लाउडस्पीकर से एलान करके सबको बुलवाए जाए उधर पंचनामा करके दोनों लाशें पोस्टमार्टम के लिए बड़े हॉस्पिटल को भेज दी गईं। कुन्ता की कोठरी सील कर दी गई। सभी लोगों के मुँह पर हवाइयाँ उड़ रही थीं। शंकर, सकटू, गनी मियाँ, मोलहे, प्रसादी, पं. गिरिजा प्रसाद और गाँव के सभी आम-ख़ास लोग एलान सुनकर एकत्र हो गए थे। देवी दल की स्त्रियाँ एक तरफ बैठी थीं। डॉक्टर के इलाज से मीरा की तबीयत अब कुछ सँभल गई थी तो वह भी वहीं आ गई थी। देवी दल की स्त्रियों की आँखें अभी भी अश्रुपूरित थीं। कोई-कोई तो सिसकियाँ भी ले रही थीं। मंच के एक तरफ पुलिस की गाड़ी में छोटकऊ, शिवप्रसाद और रधिया को पकड़कर बाँध दिया गया था।

मन्त्री जी के इशारे पर रामबरन ने माइक हाथ में पकड़ लिया और सबसे पहले मंच पर से सभी से चन्दावती और कुन्ता बुआ की आत्मा की शान्ति के लिए दो मिनट का मौन रखकर शोक सभा का एलान किया। सभी उनका अनुसरण करते हुए आँखें बन्द करके दो मिनट तक मौन खड़े रहे। फिर उसके बाद प्रधान जी ने मन्त्री जी के समक्ष आकर अपने हिसाब से सारी कहानी बताई। लेकिन उनकी नजर में छोटकऊ व शिवप्रसाद दोनों निर्दोष थे। फिर मीरा ने देवी दल की तरफ से बात रखी। मीरा ने साफ साफ कहा–

मन्त्री जी आप यह समझ लीजिए कि इससे पहले भी शिवप्रसाद ने हमारी बुआ चन्दावती पर हमला किया था और उनका हाथ पकड़कर उसी ने घर से बाहर निकाल फेंका था। उसके बाद जब पुलिस उनको थाने ले गई तब वहाँ से लौटते समय जिस मोटरसाइकिल वाले ने उन्हें मारने के लिए एक्सीडेंट किया था वह व्यक्ति भी शिवप्रसाद का भेजा हुआ था। अब दो बुर्कावाली स्त्रियों की खोज की जा रही है वो और कोई नहीं हैं, वह भी शिवप्रसाद के आदमी हैं। उन दोनों ने बुर्का ओढ़कर यह काम किया है। हमको इन्होंने नशे की दवाई सुँघाई थी। पर हमने चालाकी से अपनी साँस रोक ली थी तो हम पर नशे का ज्यादा असर नहीं हुआ था। इनकी बहुत सारी बातें हमने सुन ली थीं। तब हमें बहुत कुछ सुनाई पड़ रहा था लेकिन बाद में नशे के कारण कुछ ज्यादा समझ में नहीं आया। दो बुर्कों का इन्तजाम इन्होंने पहले से कर लिया था। इनकी बातों से यह बात हमें पता चल गई थी। ये बातें कर रहे थे कि बुर्का पहनकर ही काम करना है। फिर हमें नशे की वजह से नींद आ गई जब आँख खुली तो हॉस्पिटल में थी। अब यह सब जानकारी मिली तो सीधे यहीं आ गई। हमारी समझ में तो असली हत्यारे तो यही हैं।

'विनोद कहाँ है?' मन्त्री जी ने पूछा–

एस.डी.एम. ने बताया, विनोद, शिवप्रसाद का साथी है। वह अभी मिला नहीं है

साहब, उसकी खोज कर लेंगे।

निरहू बोले एस.डी.एम. साहब जल्दी से विनोद को पकड़िए। हाँ भाई मूंगाराम तुम्हारी तैनाती के बाद भी विनोद कैसे भाग गया। तुम कैसे दरोगा हो? सवेरे से बस खाना-पानी चल रहा है? कहीं मुलजिम विनोद को तुम्हीं ने तो नहीं भगा दिया।

दरोगा मूंगाराम चुप-चाप सिर झुकाए नीचे देखते रहे। उनके पास इसका कोई उत्तर न था।

मन्त्री जी ने रामफल से पूछा–कहिए प्रधान जी, आपको क्या कहना है?

प्रधान जी की हालत इस समय देखने वाली थी। उनकी समझ में आ गया था कि अब उनकी प्रधानी तो जाएगी ही जाएगी, अपनी जवार में कहीं भी मुँह दिखाने के काबिल नहीं रह जाएँगे पहले सोचा कि कुछ न बोलूँ फिर सोचा कि इस समय अगर सबके सामने कुछ नहीं कहूँगा तो बड़ी भद्द उड़ जाएगी। हालाँकि प्रधान जी को यह नहीं पता था कि चन्दावती को मारने की साजिश शिवप्रसाद ने ही रची है। रामफल ने तो सोचा था कि छोटकऊ के साथ बने रहेंगे तो खर्च-पानी मिलता रहेगा। आखिर गाँव-जवार में इज्जत तो उनकी भी थी। लगभग तीस साल से उनकी प्रधानी चल रही थी। हनुमान दादा उनके सलाहकार थे, न मालूम कितने फैसले वे कर चुके थे, लेकिन आज उनकी बोलती बन्द-सी लग रही थी। पर थोड़ी देर तक सोच-विचार कर साहस बटोरकर खड़े हुए और बोले–

आदरणीय निरंजन प्रसाद निरहू जी, एस.डी.एम. साहब, पत्रकार भाई रामबरन जी व गाँव-जवार के सभी भाई-बहनो देखो, तुलसीदास जी कह गए हैं कि -जो जस करहिं सो तस फल चाखा। आज हमको हनुमान दादा की बहुत याद आ रही है। कोई तीस साल पहले हनुमान और चन्दावती का ब्याह हमीं ने करवाया था। तब यह नहीं सोचा या कि हमको यह दिन भी देखना पड़ेगा। अभी हनुमान भइया को गए एक महीना भी नहीं हुआ कि देखो चन्दावती चली गई और उनके साथ कुन्ता भी चली गई, चली क्या गई उनको कत्ल कर दिया गया। इतना कह प्रधान अपनी आँखें पोंछने लगे। उनका गला भर आया था। फिर सँभलकर आगे कहने लगे–ऐसे हत्या जैसे जघन्य अपराध में कोई साथ क्यों देगा? चाहे शिवप्रसाद हो, छोटकऊ हो या विनोद हो या रधिया हो। हत्या करने वाले का साथ हम कभी भी नहीं दे सकते। बात यह है मन्त्री जी कि यह मामला पचास बीघा खेती का है। हनुमान भइया के नाम पचास बीघा जमीन है। उनके न रहने के बाद कानूनन उनकी सन्तान का हक बनता है लेकिन उनकी सन्तान नहीं थी। चन्दावती उनकी विधवा थी। हनुमान भइया अपनी सारी जमीन-जायदाद चन्दावती का हक चन्दावती को देना चाहते थे। लेकिन छोटकऊ और शिवप्रसाद को यह सब मंजूर नहीं था। खासकर जमीन का हक चन्दावती को बिल्कुल न मिलने पाए यह कोशिश शिवप्रसाद की थी। इसीलिए चन्दावती घर से निकाल दी गई थी। लेकिन चन्दावती

और कुन्ता की हत्या इन्होंने की इस बात का विश्वास हमें नहीं होता है। लेकिन हम यह जरूर चाहते हैं कि इन दोनों के हत्यारों को कड़ी-से-कड़ी सजा मिले। पुलिस तो पता लगा ही लेगी कि ये दोनों बुर्कावाली स्त्रियाँ कहाँ से आई थीं और कहाँ चली गईं? यदि कोई मुसलमानों को बदनाम करने के लिए कोई ऐसा काम कर रहा है तो उसको डबल सजा मिलनी चाहिए। क्योंकि जो ऐसा काम कर रहा है वह इन्सानियत के साथ-साथ दूसरे धर्म को बदनाम करना चाहता है। अब आगे एस.डी.एम. साहब बतावें बुर्का मिले कि नहीं?

रामफल ने अपनी बात समाप्त की तो मन्त्री जी ने एस.डी.एम की ओर इशारा किया। आगे उन्होंने बताया–

'मन्त्री जी, यह बड़ा संगीन जुर्म हुआ है। जो अपराधी पकड़े नहीं गए हैं उनकी खोज बहुत जल्दी कर ली जाएगी। कानून के हिसाब से सबको सजा मिलेगी। हम चौबीस घंटे के अन्दर सब पता लगा लेंगे, बस सब लोग गाँव में शान्ति बनाए रखना। जहाँ दुर्घटना घटी थी वह पूरा कमरा सील कर दिया गया है। रधिया, शिवप्रसाद और छोटकऊ सब को गिरफ्तार कर लिया गया है। शंकर, रजाना, मीरा, प्रसादी, प्रधान रामफल सबके बयान ले लिये गए हैं। छान-बीन जारी है। दोनों बुर्का शिवप्रसाद की छत पर मिल गए हैं।

'बाकी सब कुछ साफ हो जाएगा। गाँव के अधिकतर आदमी-औरतें सब यही कहते हैं कि ये काम छोटकऊ और शिवप्रसाद ने करवाया है।

अब मन्त्री जी ने स्वयं माइक हाथ में ले लिया और बोले–

'हम तो यहाँ चन्दावती से मिलने आए थे लेकिन हमारे भाग्य में उनसे मुलाक़ात नहीं लिखी थी। मैंने सुना है कि चन्दावती जी बहुत बहादुर महिला थीं। ये सब जो देवी दल वाली बहनें बैठी हैं इनको अपने अधिकारों के लिए लड़ने का मार्ग दिखाने के लिए चन्दावती और कुन्ता बुआ दोनों सच्चाई के रास्ते पर कुर्बान हो गईं। आदमी के नाम जो जमीन-जायदाद होती है उस पर उसकी औरत का हक होता है। चन्दावती को जिस तरह घर से बाहर किया गया उस पर तीन-तीन हमले करवाए गए।

इससे यह बात साफ होती है कि उनके खिलाफ बहुत बड़ा षड्यन्त्र रचा गया था। पुलिस अपना काम कर रही है। एक बात और समझ लो कि जो अभी पकड़े गए हैं उनके अलावा गाँव दौलतपुर का प्रत्येक व्यक्ति सजा का हकदार है, क्योंकि दो बहादुर बहनों की हत्या हुई है। कुन्ता बुआ जो अपने मुँह-पेट की लड़ाई बरसों से अकेले लड़ती आ रही हैं। अकेले लड़ती रहीं किसी के सामने कभी झुकी नहीं। और चन्दावती जिसको बचपन से रामलीला में सीता का रोल मिला कि राम चाहे घर से निकाल दें चाहे रावण उठा ले जाए वो बहादुरी से अपना कर्तव्य निभाती रहीं। बड़ी बहादुरी से विपत्तियों का सामना किया। आज ऐसी दो देवियों की हत्या करवाई गई है। ये सब

हमको यहाँ आने पर पता चला। बस ये समझ लो कि वो दोनों मरी नहीं अमर हो गई हैं। इन देवी दल की बहनों से हम वादा करते हैं कि इस गाँव में उनकी याद को अमर बनाए रखा जाएगा। अब इस समय अधिक कुछ कहने की आवश्यकता नहीं है। पहले इनका क्रिया-कर्म हो जाए फिर आगे जो कुछ बाकी है वह सब कानून के अन्दर रहते हुए करो। हम भी चन्दावती के इस देवी दल के साथ हैं। जब भी कोई जरूरत हो तो हमसे सीधे फोन पर सम्पर्क कर लें। अभी हम जाते हैं लेकिन हम यह वादा करते हैं कि जो कुछ चन्दावती और कुन्ता बुआ गाँव की औरतों के लिए करना चाहती थीं वह सब किया जाएगा। पी.ए. साहब देवी दल की सारी माँगें नोट करो।

मीरा ने देवी दल की सब माँगें उन्हें लिखा दीं।

1. चन्दावती व कुन्ता बुआ के हत्यारों को कड़ी सजा मिले।
2. चन्दावती के मकान में देवी दल का दफ्तर खुले।
3. उनकी ज़मीन पर चन्दावती विद्यालय खोला जाए।
4. हनुमान दादा के नाम से जो अखाड़ा है उसकी व्यवस्था पंचायत को सौंपी जाए।
5. चन्दावती विद्यालय की व्यवस्था देवी दल के हाथ में होनी चाहिए।
6. महिलाओं के हिसाब से काम धन्धे और रोजगार की व्यवस्था हो।

देवी दल की ये सब माँगें देखकर निरहू जी ने कहा—देवी दल की बहनों से हम वादा करते हैं कि आपकी सभी माँगें पूरी की जाएँगी। चिन्ता न करो जमीन तुम्हारे गाँव में है। विद्यालय हम खुलवा देंगे। महिलाओं के रोजगार वाला विद्यालय सरकार की तरफ से खुलवा दिया जाएगा। इतना कह कर मन्त्री जी चल दिए तो उनका काफिला भी उनके साथ चल दिया।

निरहू अभी पूरे नेता नहीं बने थे। अभी उनके अन्दर अपने गाँव-जवार वाला वही अति सहज सीधा-सादा इन्सान जीवित था, जो सबकी भलाई चाहता था। जिसको अपने गाँव-जवार का स्वार्थ साधने के लिए कोई संकोच नहीं था। लेकिन वह कभी किसी का अहित नहीं कर सकते थे। बात ये थी कि निरहू अपनी बिरादरी के पहले नेता थे। उनसे पहले कभी कोई कहार राजनीति में नहीं आया था। निरहू अपनी किस्मत व सच्चाई के कारण कबीना मन्त्री बन गए थे। यही कारण था कि तमाम सरकारी कार्यों के बावजूद मन्त्री जी अपने गाँव धान्धी से पूर्ण रूप से जुड़े हुए थे। एक समय में ग्राम धान्धी के प्रधान रहे ठाकुर रामबख्श अब निरंजन प्रसाद निरहू मन्त्री जी के दफ्तर का काम सँभालते थे। धान्धी का विकास हो गया था। अब वहाँ मन्त्री जी के नाम से कई लोग अपनी लोकल नेतागिरी चलाने लगे थे।

बहरहाल दौलतपुर का ये दौरा सफल हुआ था। उनको वहाँ की बहुत तरह की बातें पता चलीं। प्रधान रामफल की वास्तविकता अब उनको पता चल गई थी। पत्रकार ठाकुर रामबरन की सच्चाई और दरोगा की बदमाशी-बदतमीज भी साफ हो गई थी।

उनके पी.ए. ने बताया कि इसी खबीस (खुराफाती) रामफल प्रधान के कहने से थाने में फोन किया गया था। निरहू ने और लोगों के सामने प्रधान जी से कुछ नहीं कहा था पर जब सब इधर-उधर चले गए तो निरहू ने वहाँ से चलते समय प्रधान को एक तरफ बुलाकर पूछा–

'क्या प्रधान जी तुम भी शामिल हो इसमें? हमारे ऑफिस से थाने में फोन तुम्हीं ने करवाया था।'

रामफल ने जब ये सब सुना तो एकदम बिलबिला उठे और जब उनकी समझ में कुछ भी न आया तो सिर से अपनी टोपी उतारकर निरहू के जूतों पर रख दी। इसी समय हड़बड़ाहट में न मालूम कैसे उनकी धोती की लाँग खुल गई।

निरहू ने उनकी टोपी उठाकर पी. ए. के हाथ में पकड़ा दी और अपनी कार की तरफ बढ़ गए थे। पी. ए. ने वह टोपी रामफल के सिर पर लगा दी और बोला–अभी अपनी लाँग सँभालो, कल दस बजे दरबार में आ जाना तभी बात होगी।

निरहू जी का काफिला धूल उड़ाता हुआ चला गया। पत्रकार रामबरन अपनी गाड़ी से आए थे। वह सारी सूचना एकत्रित करके चलने लगे तो रामफल दोनों हाथ जोड़कर उनकी तरफ बढ़ गए। कहने लगे– पत्रकार भइया, अब जो कुछ घट गया है वह तो हो ही गया है और अब वह वापस लौटाया भी नहीं जा सकता है। लेकिन आपसे एक विनती है कि हमारे ऊपर बदनामी का दाग न लगने पाए। ज़रा हमारी उम्र का ख्याल कर लीजिएगा। खबर बनाइए भइया तनिक हमारे अपने गाँव में मुँह दिखाने लायक जरूर रहने दीजिएगा। बस आपसे बार-बार यही प्रार्थना करते है।

'दादा! जो कुछ हो सकेगा वह किया जाएगा अब हमको देर हो रही है। अच्छा, राम-राम। आप चिन्ता न कीजिए।'

सब अपने-अपने रास्ते चले गए। दौलतपुर में इस समय सन्नाटा पसरा हुआ था। बस अब सकटू ऐसे थे जिन्होंने आगे बढ़कर प्रधान जी को आश्वासन दिया। रामफल की हालात बिगड़ गई थी। अब गाँव के सभी लोंगों के सामने धोती की लाँग के साथ-साथ उनके सारे क्रिया-कलापों की कलई भी खुल गई थी। सकटू ने जल्दी से उनकी लाँग लपेटकर पीछे कमर में खोंस दी। नाई की जाति ...होशियार तो था ही। उसका सारा व्यवहार मौके के हिसाब से चलता था। रामफल की बाँह पकड़कर वह उन्हें घर की तरफ लेकर चल दिया। रास्ते में सकटू ने रामफल को समझाया– 'दादा, न हो तो इन पत्रकार भइया की सेवा गाँधीवाले कागजों से कर दीजिए।'

'क्या मतलब?'

'गाँधीवाले कागज का मतलब गाँधी छापवाले नोट, माने रुपए।'

'कहते तो ठीक हो भइया सकटू, लेकिन पता नहीं ये मानेगा कि नहीं।'

कोशिश करके देख लीजिए। कम-से-कम आपका नाम पेपर (अखबार) में न

छापे। शिवप्रसाद व विनोद ने जो कुछ भी किया वो सब छोटकऊ ने करवाया है। आपने तो बस उनका साथ दिया है।'

'अब तो कुछ भी समझ में नहीं आता है।'

'दादा, रामबरन हैं तो आप ही के बिरादरी के, लेकिन काम-धन्धे में जाति-बिरादरी कोई मायने नहीं रखती है। लेने-देने में जाति के लिए शर्म का कोई स्थान नहीं है। अब हमारी राय मानो पाँच हजार की गड्डी उस पत्रकार के पास भिजवा दीजिए। अभी खबर छपने के पहले जो कुछ हो सकता है वह सब करके देख लीजिए।'

'वो हमसे पैसा नहीं लेगा।'

'बिना पैसे की आपकी कोई सहायता भी न करेगा।'

'क्यों?'

'आप स्वयं सोच लें बिना पैसा लिये आपकी सहायता कोई मुफ्त में क्यों करेगा? माफ कर देना दादा, क्या आपने कभी किसी जरूरतमन्द की सहायता मुफ्त में की है?'

'हम सब समझते हैं, पर वो हमसे पैसा नहीं लेंगे। यह भी हमें पता है।'

'दादा, यदि आप आदेश करें तो हम पैसा लेकर पत्रकार जी के पास चले जाएँ। आपकी बिरादरी की शर्म भी बनी रहेगी और काम भी हो जाएगा।

रामबरन भाई सब पत्रकारों के गुरु हैं वो जो कहेंगे वही होगा। वही खबर दूसरे सारे अखबार व टी.वी. रिपोर्टर बनाएँगे। खबर छप जाने के बाद कुछ भी नहीं हो पाएगा। कहीं अगर आपका नाम पेपर में छप गया तो बड़ी मुश्किल में पड़ जाएँगे।'

'ठीक कहते हो, लेकिन सुना है कि रामबरन बहुत ईमानदार आदमी है।'

'पता नहीं, लेकिन हम भी कब कहते हैं कि वो बेईमान है। बस इस समय खबर छपने से पहले अपना नाम निकलवा लीजिए। यदि टी.वी.वालों के सामने आपका नाम आ गया तो सब कुछ समाप्त हो जाएगा। न हो तो दरोगा मूँगाराम से भी बात कर लीजिए। वह तो पत्रकारों से लेन-देन करता होगा, उसके साथ रामबरन के पास जल्दी-से-जल्दी पहुँचना है।'

'ठीक है, मिलाओ फोन दरोगा को'।

दरोगा मूंगाराम बहुत निराश हो गए थे। उनका स्थानान्तरण बिल्कुल तयशुदा था। तभी रामफल का फोन पहुँचा।

'हलो दरोगा साहब, हम प्रधान- दौलतपुर के'।

'हाँ बताइए, अब क्या ... रह गया है? हमको तो आपने मरवा ही दिया है।'

'अभी अन्तिम उपाय बाकी है, कोशिश की जाए।'

'कैसी कोशिश?'

'अरे अभी अखबार में कोई खबर नहीं छपी है।'

'सुमेरपुर में तो सब कुछ वही तुम्हारी बिरादरीवाला हरामी रामबरन खबर बनाएगा।'

'उसी को तो सँभालना है। मैं अभी आ रहा हूँ। कुछ पैसे का प्रबन्ध अवश्य कर लीजिए। ज्यादा न हो तो एक दस की गड्डी तो चाहिए ही। उससे कहा जाएगा तो कुछ इधर-उधर करके खबर बना देगा। हमारे खिलाफ न हो बस। मैं आता हूँ।'

'रामफल ने पाँच हजार अर्थात दस हरे गाँधी ले लिये और सकटू के साथ उसी समय मोटर साइकिल पर बैठकर सुमेरपुर चल दिए। रामफल और सकटू दोनों फटाफट सुमेरपुर थाने पहुँच गए। मूंगाराम अपनी कुर्सी पर निढाल बैठे थे। उसकी सूरत इस समय ऐसी लग रही थी कि मानो उसको खूब मारा-पिटा गया हो, और रोने भी न दिया गया हो। सारी दरोगागिरी हवा हो गई थी। इस समय उसकी नजर थाने में टँगी एक फोटो पर थी जो गाँधी जी की थी। पूरा थाना एकदम शान्त था मानो थाने में ही कर्फ्यू लगा हो।

सकटू ने मोटरसाइकिल रोकी, फिर दोनों लोग उतरकर थानेदार के कमरे में गए। दरोगा मूँगाराम को इस हालत में उन्होंने कभी नहीं देखा था। सकटू ने पाँच सौ का नोट दिखाते हुए उनसे कहा–

'साहब फोटोवाले गाँधी को छोड़ दीजिए आज इन नये गाँधी से काम चलाने की कोशिश कीजिए। दस की एक गड्डी ले लीजिए शायद काम बन जाए।'

'अरे, वो पत्रकार हमसे पैसा नहीं लेगा, केस और बिगड़ जाएगा।' रामफल कहने लगे– 'दरोगा साहब अब जो कुछ भी बनना-बिगड़ना होगा वह तो होगा ही, लेकिन अभी आखिरी उपाय किया जा सकता है तो कर लिया जाए। देखिए, हनुमान दादा कहा करते थे–सकल पदारथ है जग माहीं, कर्महीन नर पावत नाहीं। तो दरोगा साहब अभी अपना कर्म कर लीजिए। निश्चिन्त होकर हमारे साथ चलिए।'

मूँगाराम तैयार हो गए, एक जीप में सब बैठकर रामबरन के घर के थोड़ा पास पहुँच गए। जीप उसके घर से थोड़ी दूरी पर खड़ी की गई थी। पहले सकटू को राव-चाव लेने के लिए भेजा गया। थोड़ी देर में सकटू ने आकर बताया,

– 'दादा, अभी उसके पास बहुत से पत्रकार बैठे हैं। मेरी राय में तो फोन करके रामबरन को बाहर बुला लीजिए।'

रामफल बोले– 'यही ठीक रहेगा, जल्दी करो।'

सकटू ने फोन मिला दिया। उसके थोड़ी ही देर बाद रामबरन बाहर आ गए।

रामफल ने पहले पाँच वाली फिर दस वाली गड्डी उनकी तरफ बढ़ा दी और कहा–

'बात ये है कि अब जो कुछ होना था सो तो हो ही गया, अब उसको सुधारा नहीं जा सकता है, लेकिन हम चाहते हैं कि हमारी प्रतिष्ठा जो हमने तीस सालों में बनाई है वह बची रहे और दरोगा जी की नौकरी भी सही-सलामत बनी रहे। यह पाँच हमारी तरफ से और यह दस दरोगा जी की तरफ से इनका व्यवहार समझकर रख लीजिए।

'दादा, मैं कोशिश करूँगा, लेकिन खबर बन चुकी है। उसमें ज्यादा घालमेल नहीं हो सकता है।'

रामफल ने रामबरन को एक किनारे बुलाकर धीरे से कहा– 'आपके जैसा पत्रकार क्षेत्र में दूसरा तो है ही नहीं, आपकी समझदारी व बुद्धिमानी के सब कायल हैं। आपकी बनाई खबर का बहुत महत्त्व होता है। शिवप्रसाद, छोटकऊ व विनोद को खूब अच्छी तरह लपेट दीजिए। ये सब ससुरे चूतिया ब्राह्मण हैं। अपनी बिरादरी मतलब हमारा मान रखना, ये ससुरा दरोगा हमारे साथ आया है तो इसका भी कुछ खयाल कर लेना।'

'दादा, आपने तो मजबूर ही कर दिया। चलो ठीक है जो हो सकेगा देख लेंगे। अब आप यहाँ से जाइए। कोई साथ में देखा लेगा तो बात बिगड़ जाएगी। पैसे की जरूरत हमको नहीं थी लेकिन अब ले आए हो तो दूसरे अखबारवालों का मुँह बन्द करने के काम आएँगे। सबेरे अखबार में खबर पढ़ लीजिएगा। अब जाइए।'

'अच्छा राम राम'।

'राम राम'।

दरोगा ने कहा 'जय भीम'।

'जय भीम, चिन्ता न करिए दरोगा साहब अब जो हो गया सो हो गया।... दरोगा साहब! अब आगे से हम आप मिलकर काम करेंगे।

'ये हुई न बात, अब मैं आज से ही आपका गुलाम हो गया।'

•

जारी है लड़ाई

एक घटना और दोहरी मौत के इस खेल में प्रधान कहीं-न-कहीं से शामिल तो थे ही। वो चाहते तो शायद यह वारदात टल जाती। बुढ़ापा थी, उनकी अन्तरात्मा इस समय उनको धिक्कार रही थी। लेकिन अब तो सब कुछ खत्म हो गया था। बुड्ढा रात-भर खाँसता रहा, भोर में जब थोड़ी देर के लिए आँख लग गई तो स्वप्न में उन्हें हनुमान दादा दिखाई पड़े। पहले तो वे इधर-उधर की बातें करते रहे। जिसमें रामलीला और रामायण की चौपाई सुनाई। स्वप्न में भी रामफल उनको देखकर सकपका गए। जब हनुमान दादा ने पूछा क्यों हो प्रधान, आपने हमारी चन्दावती को मरवा दिया, तुम भी उसकी हत्या में शरीक हो।

बस रामफल घबड़ाकर चारपाई पर से गिर पड़े और चिल्लाने लगे–

'हमको माफ कर दो हनुमान दादा, हमने कुछ नहीं किया है। हम तो छोटकऊ...,'

बस इतना कहने के बाद उनकी आवाज ही नहीं निकली। फिर से चारपाई पकड़ ली और बड़ी देर तक डर के मारे कराहते रहे। बहरहाल अब तो सबेरा हो गया था। रामफल अपने बाहर वाले बरामदे में लेटे थे। वो उठकर मारे घबड़ाहट के कमरे में आ गए। पता नहीं क्या हुआ कि शरीर में झुरझुरी आ गई थी। शायद बहुत ज्यादा डर गए थे। चिड़ियों का कलरव होने लगा था। गाँव के गरीब लोग गाँव के बाहर दिशा-मैदान के लिए जाने लगे थे। ज्यादातर घरों में अब महिलाओं और बच्चों के लिए सोख्ता गड्ढेवाली टाइलेट बन गई थी। लेकिन तब भी बाकी सारे लोग बाहर खेतों व बागों में दिशा-मैदान के लिए जाते थे। भैंसों, गायों तथा बैलों आदि को चारा देने, दूध निकालने वाले व अन्य सब नित्यकर्म प्रारम्भ हो गए थे। थोड़ी देर में सकटू अखबार लेकर आ गए। प्रधान जी को बाहर से ही आवाज लगाई। प्रधान ने सकटू की आवाज पहचान ली, दरवाजा खोला तो सकटू ने कहा– दादा अखबार आ गया है। क्या हुआ क्या है?

'सब अच्छी खबर छपी है।'

'रामबरन ने हमारी प्रतिष्ठा बचा ली।'

'हाँ दादा आपकी तरफ कोई इशारा नहीं है।'

'चलो भाई कोई तो ऐसा निकला जिसने बिरादरी का ध्यान रखा।'

'इसमें बिरादरी न देखिए। ये गाँधी बाबा का कमाल है।'

'चाहे जो कुछ भी हो, रामबरन ने हमको जीवनदान दिया है। नहीं तो हमारा बुढ़ापा

बरबाद हो जाता।'

'ठीक कहते हो दादा।'

'दरोगा माँगेराम की क्या खबर है?'

'खबर में माँगेराम का कोई जिक्र नहीं है। अतः वह भी बच जाएगा।'

'क्या लिखा है, लाओ देखें जरा।'

'सकटू तम्बाकू बनाने लगे और प्रधान जी पेपर पढ़ने लगे। रामबरन ने अपने हिसाब से खबर बनाई थी। चन्दावती तो मारी ही गई थी, परन्तु पत्रकारों पर कोई पाबन्दी लगाने वाला तो था नहीं, रामबरन जैसा घाघ पत्रकार पूरे क्षेत्र में नहीं था। वह वहाँ के सभी अच्छे व खराब लोगों की कुंडली जानते थे। गाँवों में पढ़े-लिखे लोग अधिक बदमाशी करते हैं। किसकी कब और कैसी कुंडली बनाना है वो जानते थे। जो रामबरन ऐसा धाकड़ हो तो फिर क्या कहना-सुनना। टेलीविजन की खबर अधिकांशतः शहरों में सुनाई दी थी। खबर तो यह भी दिखाई गई, पर उसमें लोगों को ज्यादा कुछ समझ में नहीं आया था। सबेरे सभी पेपरों में एक ही तरह की न्यूज आई थी। बस उनकी हेडिंग अलग-अलग थी। हिन्दुस्तान, अमर उजाला, आज, दैनिक जागरण, राष्ट्रीय सहारा आदि सभी पेपरों में खबर छपी थी। अलग-अलग अखबारों में हेडिंग थी जैसे–दिनदहाड़े दोहरा हत्याकांड, देवी दल की मुखिया चन्दावती मारी गई, आतंकवादी साजिश से इनकार नहीं, मन्त्रीजी का दौलतपुर दौरा, सबको मिलेगा न्याय, एक हफ्ते में पूरे होंगे वादे। आदि-आदि। जो खबर छपी थी वह इस प्रकार थी–

'दौलतपुर में हनुमान दादा की बेवा चन्दावती एक महीने से अपने अधिकारों की लड़ाई लड़ रही थी। कल उनकी व उनकी सहेली कुन्ता की हत्या कर दी गई। पता लगा है कि यह शायद आतंकी घटना है। क्योंकि इस हत्या में दो मुसलमान औरतों का हाथ है। गाँववालों की गवाही के अनुसार शक के आधार पर छोटकऊ, शिवप्रसाद, रधिया को गिरफ्तार कर लिया गया है। मुख्य साजिशकर्ता विनोद फरार है यह स्त्रियों के हक की लड़ाई थी। 'देवीदल' की बागडोर अब मीरा के हाथ में आ गई है।'

पेपर में हनुमान दादा व चन्दावती तथा कुन्ता बुआ के फोटो छापे थे। खुली लाँगवाले प्रधान रामफल की भी फोटो छपी थी। उसके नीचे लिखा था– 'गाँव के दुःख से दुःखी दौलतपुर के प्रधान रामफल।'

रामफल पूरी रात जागते रहे थे, और सबेरा होते ही पेपर पढ़ने लगे थे। आज उन्होंने पेपरवाले से सारे पेपर मँगवाए थे। जब सारे पेपरों की यह खबर भलीभाँति पढ़ ली तब उन्होंने चैन की साँस ली। अब तो सकटू के साथ बैठकर निश्चिन्त होकर चाय पीने लगे थे। उधर देवी दल की नेता मीरा यह खबर पढ़कर कुछ आश्वस्त हो गई थी, क्योंकि मन्त्री जी ने देवी दल की सभी माँगें मान ली थी। आज कुन्ता बुआ और चन्दावती की लाशें हॉस्पिटल से मिलने वाली थीं। शंकर, रजाना, राजेश, व देवी दल की तमाम

औरतें एकत्र थीं। कुन्ता के लड़के ने लखनऊ में ही कुन्ता की लाश को ले लिया था। उनकी अन्तिम यात्रा भैंसाकुंड पर जाकर समाप्त हो गई थी। सब लोग चन्दावती की लाश लेकर दौलतपुर लौट आए थे। सबने मिलकर यही निश्चित किया कि चन्दावती की चिता हनुमान दादा के बगल में ही जलाई जाए।

मीरा ने देवी दल की कमान सँभाल ली थी। सबने मिलकर चन्दावती की लाश हनुमान दादा की चौखट पर रख दी। सबकी आँखों से आँसू बह रहे थे। थोड़ी-थोड़ी देर में शंकर व रजाना बहुत जोर-जोर चिल्ला-चिल्लाकर रोने लगते थे। उस समय मीरा ने सबको समझाया–

'सभी लोग ये बात समझ लो कि ये लड़ाई अब रुकने वाली नहीं है। बुआ चन्दावती और कुन्ता बुआ– इन दोनों का बलिदान व्यर्थ नहीं जाने देना है। देवी दल को जितनी भी माँगें हैं वो सारी-की-सारी पूरी करवाई जाएँगी।' विशेष बात यह हुई थी कि फूलमती व शिवप्रसाद की पत्नी सब मीरा के साथ हो गई थीं। शायद पति के जेल चले जाने के कारण या डर गई हों या फिर उनका मन परिवर्तित हो गया, ये तो भगवान ही जानें; लेकिन चन्दावती की अन्तिम यात्रा में सब सम्मिलित थीं। मीरा ने कहा–चलो उठाओ बुआ को उनके खेत पर ले चलो। ममता, मीना, राजेश, शंकर व रजाना सबने मिलकर पहले नहला-धुलाकर कफन में लपेटा फिर टिखटी पर डोरी से कसकर बाँधा। इसी समय बीमार गेंदा भी जैसे-तैसे आ गई थी। गेंदा और फूलमती दोनों की आँखें लाल हो रही थीं। दोनों ने मिलकर गुलाब की लड़ी से लाश को सजाया। फिर गेंदा ने चन्दावती का माथा चूमा और जोर-जोर से रोने लगी। फूलमती और उनकी बहू दोनों ने आगे बढ़कर चन्दावती के पैर छुए। मीरा ने कहा–

'ये चन्दा बुआ का शरीर विदा हो रहा है। उनकी आत्मा सदैव हम लोगों के साथ रहेगी। कोई चिन्ता न करो, वे हमारे क्षेत्र की सीता थीं। उनको खेत पर ले चलो। उनके बलिदान पर रोने के बजाए उनका लिखा जागरण गीत याद रखना–

'गुइयाँ मेरी डट के रहो, गुइयाँ मेरी बच के रहो
दर्द अपना आपस में खुलकर कहो।

ये दो-तीन पंक्तियाँ गाने के बाद फिर सभी औरतें रोने लगीं। औरतें अधिक संवेदनशील होती हैं। जल भरी बदली की तरह जहाँ थोड़ी-सी हवा मिली तो उड़ने लगीं, रुकावट हुई तो आँसू बरसाने लगीं। और इस समय तो उनकी सबसे बड़ी सहेली और गुरु चन्दावती की लाश उनके सामने रखी थी। चन्दावती की चिता उसी खेत में बनाई गई थी जिसके कारण उसकी हत्या कर दी गई थी। अन्तिम क्रिया के लिए उसे वहीं खेत पर ले जाया गया। धीरे-धीरे महिलाएँ 'राम नाम सत्य है, सत्य बोलो मुक्ति है।' दुहराती आगे बढ़ रही थीं। इसके अलावा–

जब तक सूरज चन्दा चमकी,

चन्दाजी का नामौ चमकी।
अमर हो गई चन्दारानी,
शुरू कर गई नयी कहानी।

देवी दल की सारी औरतें यही सब मीरा की तुकबन्दी देर तक दोहराती रहीं। आश्चर्य की बात तो यह थी कि मीरा के समझाने पर पहली बार सभी औरतों ने चन्दावती को कन्धा दिया। गाँव के तमाम आदमी, हनुमान दादा के पहलवान चेले लगभग सारा गाँव था चन्दावती की इस अन्तिम बेला में। इससे पहले कभी स्त्रियों को गाँव-जवार में अन्तिम संस्कार में सम्मिलित होते हुए नहीं देखा गया था।

आज उनको रोकने-टोकने वाला कोई भी नहीं था। यह कहो कि कोई रोक सकता ही नहीं था, क्योंकि वह रुकने वाली थीं ही नहीं। यद्यपि प्रसादी की पत्नी रधिया जेल में थी तो भी उसने आधी गाड़ी आम की लकड़ियों का इन्तजाम किया था, कुछ थोड़े से कंडे और झाखर (अरहर की डंडी) मिलाकर अच्छी चिता बनाई गई थी। चन्दावती को उस पर लिटाकर अन्तिम दर्शन के लिए उसका मुँह खोल दिया गया था।

संकुचित और डरते हुए गनी मियाँ, सकटू और प्रधान रामफल वहाँ पहुँच गए थे। गनी मियाँ का डर अपनी जगह सही था, क्योंकि हत्यारों ने बुर्का ओढ़कर दोनों की हत्या को अंजाम दिया था। अखबार वालों ने भी लिखा था की 'आतंकी घटना से कोई इनकार नहीं' ऐसे माहौल में गनी मियाँ जैसा कोई भी मुसलमान हिन्दुओं के भरे-पूरे गाँव में कैसे नहीं घबड़ाएगा?

पंडित गिरिजा प्रसाद मिसिर क्रिया-कर्म कराने के लिए पहुँच गए थे। वो भी वहाँ स्त्रियों की बातें सुनकर चकित रह गए। लेकिन अब औरतों के सामने रीति-रिवाज के विषय में कुछ भी कहने की उनकी हिम्मत नहीं पड़ी। औरतों के जोश के सामने पंडित जी की वेद विद्या और संस्कृति सब व्यर्थ हो गई थी। बड़े भाई शंकर ने आगे बढ़कर चिता को अग्नि दी और और वह फूट-फूटकर रोने लगा।

'अरे हमारी सीता हर बार रामलीला में परीक्षा देकर निकल आती थी। अरे बिटिया आज भी प्रकट हो जाव।'

मीरा ने आगे बढ़कर अपने पिता को समझाया 'बापू, जो आप ही धीरज खो दोगे तो हम लोगों को कौन समझाएगा?'

जब तक चिता जलती रही सभी वहाँ डटे रहें। इस समय सब चन्दावती के गुणों का बखान कर रहे थे। जब चन्दावती की चिता जलकर खाक हो गई तब चिता की राख लेकर मीरा और शंकर चन्दावती के ऑफिस में आ गए। देवी दल के ऑफिस में कुछ और लोग भी आ गए। बाकी सब लोग धीरे-धीरे अपने-अपने घर चले गए।

गनी मियाँ जब चलने लगे तो मीरा को अपनी तरफ आते देखकर ना मालूम क्या सोचने लगे। मीरा ने पास पहुँचकर कहा–

'चच्चा अभी मैं आपके घर आना चाहती हूँ। घर पर ही मिलेंगे...'

गनी मियाँ थोड़ी देर तक उसको देखते रहे फिर बोले–

'हाँ बिटिया हम तो घर में ही रहेंगे। कुछ खास बात है?'

'जब आऊँगी, तब बताऊँगी।'

चन्दावती के सारे संस्कार निपट जाने के बाद मीरा गनी मियाँ के घर जाने के लिए तैयारी करने लगी।

इधर गनी मियाँ बहुत घबड़ा गए। उनको इतना डर कभी महसूस नहीं हुआ था। पास में तमाखू के चक्कर में खड़े सकटू और रामफल ने उसी समय उसे और डरा दिया था–

'गनी भाई सँभल के रहना। यह मीरा बहुत खतरनाक है। चच्चा को कहीं गच्चा न दे दे। कुछ तो गड़बड़ है। कहीं बुर्कों के चक्कर में!'

'क्या बकवास करते हो सकटू! हमारे घर में बुर्का है ही नहीं। बाकी हमारी बीबी का एक बुर्का है तो...,

तो क्या, तुम्हारा ही एक घर दौलतपुर में है, जिसमें बुर्का हो सकता है।

तो क्या तुम भी यही समझते हो? क्यों प्रधान क्या तुम भी यही समझते हो कि मैं आतंकवादी हूँ?

'ये सब हमको कुछ नहीं पता। गनी मियाँ हम तो यही समझते हैं कि अयोध्या का फैसला आने वाला है तो कहीं आतंकवादी कुछ भी कर सकते हैं।'

'क्या कहते हो दादा, तुम तो हमारे प्रधान हो।'

'आतंकी मामले में कोई प्रधान कुछ नहीं कर पाएगा, बस सँभलकर रहो।' चुपचाप अपने घर जाओ।'

बेचारे गनी मियाँ की हवा टाईट हो गई, उन पर मानो पहाड़ टूट पड़ा था। अब बिना कुछ कहे वे चुपचाप अपने घर चले गए।

सकटू मुस्कुराकर बोले– 'ऐसे लेड़ऊ वीरन के पिछवाड़े पर इसी तरह कसनी कसी जाए तो ही बुद्धि ठिकाने आएगी।'

'ठीक कहते हो सकटू, यह दहिजार भी कुन्ता और चन्दावती की बोली बोलने लगा था।'

सकटू और रामफल अब करीब-करीब निश्चिन्त हो गए थे। गाँधी बाबा के छापेवाले कागजों ने उनकी नैया पार लगा दी थी। गनी मियाँ वास्तव में बहुत परेशान थे कि कहीं उनका नाम उन बुर्कावालियों के साथ न जोड़ दिया जाए। सीधे अपने घर आ गए।

गनी मियाँ ने अपनी बीवी को बुलाकर कहा– 'जरा अपना सन्दूक खोलो?'

'क्यों क्या हुआ? खैरियत तो है?'

'तुम्हारा बुर्का कहाँ है, दिखाओ, '

‘बुर्का? बुर्का रखा है।’

‘दिखाओ तो... ले आओ, कहीं चोरी तो नहीं हो गया हैं?’

‘जब हमारे घर में चोरी ही नहीं हुई तो बुर्का कौन चुराएगा?’

‘ले आओ, पहले हमें बुर्का दिखाओ’ फिर आगे कोई बात करना।’

बीवी अपनी सन्दूक उठाकर लाई और उसे खोलकर दिखाया, उसने वही पुराना बुर्का रखा था। बुर्के को देखकर गनी मियाँ के मन में शान्ति आई। उन्होंने पूछा–‘तुम्हारे पास कोई और बुर्का है?’

‘सब कपड़े-लत्ते तो तुम ही लाते हो और दूसरा बुर्का कहाँ से आया।’

‘चलो ठीक है, जाओ रख आओ, बस ध्यान रहे इसको सँभालकर रखना।’

इसी बीच में कोई गनी मियाँ के घर की कुंडी खटखटाने लगा–बीवी दरवाजा खोलने के लिए चल दी। गनी मियाँ ने न देखा आव न देखा ताव, बीबी के मुँह पर एक थप्पड़ जड़ दिया। बीबी बेचारी हक्का-बक्का रह गई।

‘क्या हुआ, अब क्या? दरवाजा खोलने जा रही थी?’

‘हम देखते हैं, पहले तुम यह सन्दूक रख आओ।’

गनी मियाँ ने दरवाजा खोला तो देखा, मीरा खड़ी है। बिना कुछ कहे उसको अन्दर आने दिया। गनी मियाँ अपने-आप ही मीरा के बिना पूछे बताने लगे–

‘देखो बिटिया, जो तुम हमारे घर में बुर्का देखने आई हो तो तुम्हें बता रहे हैं कि हमारे घर में एक पुराना बुर्का है। बाकी उन खूनी बुर्कों से हमारा कोई मतलब नहीं है। न हमारा किसी आतंकवादी से कोई मेल-जोल है।’

‘क्या हो गया है चच्चा आपको? हमको सब मालूम है। वो बुर्के सुमेरपुर से ख़रीदे गए थे। वह एक चाल थी। विनोद व शिवप्रसाद ने यह काम किया है। आप क्यों अपना जी छोटा कर रहे हैं?

‘शिवप्रसाद और विनोद?’

‘हाँ चच्चा वही दोनों खूनी हैं।’ आप तो मेरे चच्चा है। चची कहाँ है। बीबी अपने आँसू पोंछकर बाहर आ गई और उसने मीरा को गले लगा लिया। मीरा समझ न पाई कि क्या हुआ? जब गनी मियाँ ने सकटू और प्रधान जी की बातें बताईं तब उसकी समझ में आया कि यह सब साजिश चल रही है। कहा–

‘आप चिन्ता क्यों करते हो? अब जल्दी फैसला हो जाएगा प्रधान जी का। इस बार चाहे प्रसादी को प्रधान बनाया जाए लेकिन इनकी प्रधानी तो इनके हाथ से निकल गई। मैं तो दूसरे काम से आई थी। ये तीन फोटो हैं इनको खूब सुन्दर ढंग से मढ़ दीजिए तो देवी दल के दफ्तर में लगाया जाएगा।’

‘वाह हम तो बेमतलब घबड़ा गए थे। हम तो समझते थे तुम हमें बुर्कावालियों का दोस्त समझती हो...।’

'आप भी चच्चा, इतने दिन से क्या हमने आपको देखा नहीं है? मुझे पता है कि कोई यदि गंगा में खड़े होकर भी आपको आतंकी कहे तो भी इस गाँव में कोई मानने वाला नहीं है। आपका मन बिल्कुल आपकी कारीगरी की तरह साफ है। सभी जानते हैं।'

'बस ये फोटो सुन्दर ढंग से मढ़ दीजिए। ...जरा फोटो देखिए तो'।

गनी मियाँ ने हनुमान दादा, चन्दावती व कुन्ता बुआ के फोटो देखे तो उनकी आँखों में आँसू भर आए। तीनों फोटुओं को मस्तक से लगा लिया। कहने लगे–

'ये कुन्ता दिदिया हर साल दीपावली में हमारे माथे पर रोचना लगाती थी। अब कौन करेगा हमारे माथे पर रोचना? और ये चन्दावती ये राम लीला में सीता बनती थी। रामलीला के स्टेज का सारा प्रबन्ध हमीं तो करते थे। हनुमान दादा तो मानो हमारे सगे भाई थे। काम-धन्धे से लेकर सब तरह से हमारी मदत करने में कभी पीछे नहीं रहे। अब ये सब ख़्वाब बन गए हैं।

...बिटिया, हमारे लायक कोई काम हो तो बताना जरूर...चाहो तो हमको अपने दल में शामिल कर लो।'

'चच्चा अगर आप इजाजत दो... तो चच्ची को अपने देवी दल में शामिल करने के लिए ले जाएँ।'

'ले जाओ बिटिया, ले जाओ। तुम तीनों बहनों पर हमको पूरा भरोसा है। बस इतना करना कि तुम्हारी चच्ची हमारा खाना-पानी करती रहे। बकरियों को प्रसादी सँभाल लेगा बाकी हम सब सँभाल लेंगे। बहुत ज्यादा न पढ़ाना इनको कि कहीं अपने मियाँ को ही भूल जाए। क्योंकि अब बुढ़ापे में दूसरी बीबी भी नहीं मिलेगी ...ह...ह...'

'आप चिन्ता न करें।'

दोनों ही हँसती हुई बाहर निकल आईं। मीरा के साथ अब एक सदस्य और बढ़ गई थी। गनी मियाँ बढ़ई थे। आस-पास के गाँवों तक के लोग उनसे काम करवाने आते थे। उनके पास फर्नीचर के अलावा– दरवाजा, खिड़की, अलमारी आदि बनाने के साथ ही फोटो मढ़ने का काम भी था। गाँव की रामलीला का मंच वे तख़्तों को जोड़ कर हर साल बिना मेहनताना लिये बनाते थे। लकड़ी की पहचान से लेकर उसकी पॉलिश व पेंट आदि सभी कार्य गनी मियाँ करते थे। खेती नहीं थी, लेकिन लकड़ी लाने ले जाने के काम के लिए एक ट्रैक्टर खरीद लिया था। प्रसादी अधिकतर उन्हीं का ट्रैक्टर चलाते थे। उसके किराये से कुछ और आमदनी हो जाती थी।

ब्राह्मण टोले के दो घरों के अलावा दौलतपुर के ज्यादातर घर सब एक सूत्र में बँधे थे। चन्दावती की कोठरी और बरामदे में अब महिलाओं की राजनीति का अड्डा बन गया था। इस दुहरे हत्याकांड के बाद से अब दौलतपुर में नयी हवा बहने लगी थी। पेपरों में चर्चा के बाद और मन्त्री जी के दौलतपुर दौरे के बाद वहाँ का वातावरण बहुत कुछ बदल गया था। इस बदलाव के पीछे महिलाओं के संगठन का बहुत बड़ा हाथ था।

ममता, मीरा और मीना अब यहीं ऑफिस में रहने लगी थीं। चन्दावती का कमरा जहाँ से शिवप्रसाद उसको खींचकर लाया था और बाहर निकाल दिया था वही कमरा अब देवी दल का पक्का ऑफिस बन गया था। उसी कमरे में हनुमान दादा, चन्दावती और कुन्ता बुआ की फोटो लग गई थी। कुन्ता बुआ की दुकान अब ममता सँभालने लगी थी। चौथे दिन गाँव के बी.डी.ओ. साहब ने मन्त्री जी का शोक सन्देश लाकर मीरा के हाथ में दिया जिसमें लिखा था–

'बहन चन्दावती और कुन्ता बुआ के कत्ल से हमें बहुत दुःख हुआ है। अब ईश्वर से यही प्रार्थना है कि भगवान दोनों की आत्मा को शान्ति प्रदान करें। हमें जो करना है देवी दल के लिए वह तो हम करेंगे ही। हम सदैव इस फैसले में देवी दल के साथ हैं। उनकी माँगें पूरी करने के लिए हम कोई कोर-कसर बाकी नहीं रखेंगे। महिलाएँ हमारे गाँव-समाज की आधी आबादी हैं। हत्यारों को सजा अवश्य मिलेगी ये हमारा वादा है। बहरहाल महिलाओं की ये लड़ाई जब तक चलती रहेगी, हम उनके साथ खड़े रहेंगे'।

बी.डी.ओ. के साथ प्रदीप भी समाज कल्याण विभाग की तरफ से पहुँच गया था दौलतपुर में चन्दावती की माँगें पूरी करने की व्यवस्था सरकार ने प्रदीप को सौंप दी थी। प्रदीप समाज कल्याण विभाग में अधिकारी हो गया था। मीरा से उसकी प्रेम-कहानी थोड़ा और आगे बढ़ गई थी, लेकिन अभी दोनों किसी प्रकार के निष्कर्ष के बारे में नहीं सोच पाए थे। निरंजन प्रसाद 'निरहू' ग्राम विकास मन्त्री जी का वह पत्र बहुत लोगों ने पढ़ा। खासकर औरतों ने जो पढ़ी-लिखी थीं, जो पढ़ी-लिखी न थीं उन्होंने भी उस पत्र को हाथों में लेकर देखा और उन्होंने उसी वक्त अपने को साक्षर बनाने का प्रण लिया, हालाँकि यह कहना कठिन था कि इस संघर्ष में महिलाएँ जीतीं या हारीं, लेकिन दौलतपुर में मीरा का शिक्षण कार्य शुरू हो गया था। औरतें देवी दल के आफिस में अपने-आप आने लगी थीं। मीरा के या किसी बाहरी के कमरे में पहुँचते ही वे सब चन्दावती का गीत गाने लगी थीं–

गुइयाँ मेरी डट के रहो।
गुइयाँ मेरी बच के रहो।
दर्द अपना आपस में खुल कर कहो।
इति शुभम्।

•••